The Undutchables

M Jones

CW01637477

Colin White en Laurie Boucke

The Undutchables
Leven in Holland

Vertaling Justus van Oel

Nijgh & Van Ditmar, Amsterdam 1992

The Undutchables

Eerste druk september 1990
Tweede druk januari 1991
Derde druk maart 1991
Vierde druk mei 1991
Vijfde, uitgebreide en herziene druk oktober 1991
Zesde druk november 1991
Zevende druk januari 1992
Achtste druk mei 1992

Oorspronkelijke titel *The Undutchables. An observation of the Netherlands; its culture and its inhabitants*

Omslag, typografie en illustraties Studio Tint, Huug Schipper
NUGI 352/482 / ISBN 90 388 8421 4 / CIP

Voorwoord bij de Nederlandse uitgave

De observaties in dit boek komen voort uit een verblijf van in totaal 22 jaar in uw kleine moeras, en uit onderzoek achteraf. Tijdens ons verblijf in uw land kwamen we erachter dat er een stortvloed aan Engelstalige boeken bestaat vol lofprijzingen aan uw adres (reisgidsen en 'Ontdek je Plekje'-achtige fotocompilaties). Ook vonden we een flink aantal afbrekende tijdschrift- en kranteartikelen over u (drugsmisbruik, promiscuïteit, enzovoort). Maar helaas, we troffen nergens publikaties aan die ons hadden kunnen waarschuwen voor het onnavolgbare karakter, de mentaliteit en de eigenaardige neigingen van de modale *cloggie*: een koosnaampje dat wij in dit boek vaak gebruiken in plaats van 'Hollander' dan wel 'Nederlander'.

Dit boek nodigt u uit te ervaren wat veel buitenlanders bij u moeten ondergaan. Wat u als normaal gedrag ziet, ervaren wij niet zelden als merkwaardig of zelfs waanzinnig. Onze kanttekening bij u presenteren wij u in de vorm van geestigheden, satire en bijna waterdichte logica. Toch bevat dit boek meer lofprijzingen dan u wellicht zou denken.

Kort en goed: bekijk u zelf eens met andermans ogen, met de ogen van een vreemdeling. Test uw Hollandse tolerantie, en laat ons weten hoe het bevallen is.

Colin White en Laurie Boucke
september 1990

Voorwoord bij de vijfde druk

Het succes zowel van het origineel als van deze vertaling van *The Undutchables* heeft ons met stomheid geslagen. Eigenlijk was het boek bedoeld voor Engelse toeristen, maar juist aan de overkant van het Kanaal is nog nooit een exemplaar verkocht.

Deze herziene uitgave is aangevuld en gecorrigeerd en trakteert u bovendien op geheel nieuw materiaal.

Wij zijn intussen ver weg van uw Koninkrijkje-Aan-De-Zee, en kunnen u niet langer in het oog houden. Wat ons betreft is dit dus de definitieve, complete *The Undutchables*.

Colin White en Laurie Boucke

Inhoud

Hoofdstuk 1
Inleiding: zoals de studieboeken het voorstellen

WAAR?

Een Westeuropees land, meestal Holland genoemd, gelegen aan de Noordzee, met aan de zuidgrens België en Duitsland aan de oostkant. Officiële taal: Nederlands. Hoofdstad: Amsterdam. Regeringscentrum: Den Haag. Bevolking (1988): 14,7 miljoen.

WIE?

Het gebied werd bewoond door Kelten en Friezen, kwam van de eerste tot en met de vierde eeuw na Christus onder Romeins gezag, en werd daarna onder de voet gelopen door Germaanse stammen. Van de vijfde tot de achtste eeuw waren de Franken er de baas. In de middeleeuwen viel het gebied uiteen in talloze koninkrijkjes. In de zestiende eeuw kwam het Noorden (Holland), een deel van het Habsburgse Rijk, in opstand tegen de Spaanse pogingen het protestantisme te vernietigen. Na een lange reeks oorlogen, tot in de zeventiende eeuw, werd het Noorden een onafhankelijke, protestantse republiek. Het zuidelijke deel werd geannexeerd door de Spaanse Habsburgers, en daarna (1713) door de Oostenrijkse. Vóór de oorlogen met Engeland en Frankrijk was het Noorden zeer welvarend, een centrum van kunst en wetenschap en een toonaangevende zeemacht, die een uitgestrekt handelsimperium opbouwde in Oost-Indië, Zuid-Afrika en Brazilië. In de achttiende eeuw kwam de neergang als Europese mogendheid. In 1814 werden het Zuiden en het Noorden verenigd, maar het Zuiden rebelleerde en werd in 1830 een zelfstandig koninkrijk. Luxemburg werd in 1867 onafhankelijk. Tijdens de Eerste Wereldoorlog wisten de Nederlanders neutraal te blijven, maar in de Tweede Wereldoorlog werden ze bezet door de Duitsers. Na de oorlog schudde het land zijn traditionele afhankelijkheid van de landbouw af, werd tot een industriële grootmacht en speelt nu een hoofdrol bij het bouwen aan 'Verenigd Europa'.*

* (Noot: de schrijvers danken *The Oxford Reference Dictionary*, 1986, voor de gegevens in dit hoofdstuk.)

Hoofdstuk 2
Kennis maken

'De meeste mensen krijgen grote kunstwerken alleen te zien. De Nederlanders wonen er in.'
KLM-advertentie, 1988.

WAAR?

Wees niet verbaasd wanneer u aanvankelijk het gevoel krijgt dat Nederland een soort poppenhuis is. Alles is klein, druk en overvol: huizen, straten, winkels, supermarkten, parken, bossen, auto's, enzovoort. Nederland is dicht bevolkt, en de inwoners hebben geleerd elke centimeter tot het uiterste te benutten. Die aanleg en vaardigheid zijn, uiteraard, ontstaan doordat het grootste deel van het land op de zee is veroverd. De landwinning gaat tot op de dag van vandaag door.

Als, op een internationale vlucht, de piloot meldt dat u boven Holland vliegt, knipper dan niet met uw ogen: u zou het zomaar kunnen missen, zo klein is het. U kunt het land per auto in drie uur in zijn geheel doorkruisen.

Een wijze raad voor wie met het vliegtuig uit verre landen komt. Eenmaal ter plaatse, en eenmaal gewend aan de luchtdruk die onder zeeniveau gebruikelijk is (jetlag daargelaten), zult u ongetwijfeld de molens, de tulpen, de kaasmarkten en de grachten willen zien. Water en netjes geplette heuvels in overvloed. Sexshops te over. En wees gerust: ook uw portie klompen en Fries stamboekvee zult u krijgen. Binnen twee dagen zult u al die toeristische attracties van binnen en buiten kennen.

WIE?

Het ontbreekt de inwoners van deze smalle strook voormalige zeebodem niet aan eigendunk. Neem gevleugelde uitspraken als 'En de Nederlanders Schiepen hun Eigen

Land', of 'Holland, het Herrezen Atlantis'. Het wemelt er van dijken, nationalisme, onafhankelijkheid, vrijheid, gelijkheid en politieke overtuigingen (Holland telt ten minste negenentwintig politieke partijen), zoals uit het vervolg nog zal blijken. De Hollanders lijken een gemoedelijk stelletje: aardig, beleefd en behulpzaam voor toeristen. Ze praten graag over hun land en geven alle aanwijzingen en informatie waar u om vraagt. Ze boeien en strelen hun bezoekers met hun fascinatie voor buitenlandse talen, trends, importprodukten en popmuziek. Hun tolerante reputatie ligt er voor de buitenlandse bezoeker duimendik bovenop. Maar laat u niet voor de gek houden: dat alles verandert radicaal wanneer u maar lang genoeg blijft en er helemaal bij gaat horen.

Al snel wordt u niet meer ontzien. Stormen van kritiek zullen op u neerdalen, want uw kameraden in de Lage Landen merken zelfs de kleinste misstand in andermans buitenland op. Niets of niemand ontkomt aan hun morele oordeel, zelfs al is soortgelijk onrecht in hun eigen koninkrijkje minstens even ruim voorhanden.

Wanneer u verwacht verrukkelijk eten te vinden of andere buitenissigheden, vergeet het maar. Als u houdt van weidse vlakten en van de eenzaamheid in de natuur, bent u verkeerd. Er zijn geen uitgestrekte bossen of grootse landschappen. Als u wandelt in bos en duin, of op het strand, krijgt u het gevoel dat miljoenen u voorgingen, waar u uw voeten ook zet. En inderdaad. Kan het dit zootje zijn dat Rembrandt en Van Gogh zo inspireerde?

Omdat het grootste deel van het land op zand gebouwd is*, zijn veel wegen aangelegd zoals je dat met Lego zou doen. Straten worden geplaveid met steentjes die zo'n beetje op hun plaats gehamerd worden. Het wegdek heeft geen degelijke fundering en loopt niet schuin af. Dit garandeert, in combinatie met het Noordeuropese klimaat, een

* (Noot van de vertaler: de Amerikaanse auteurs bedoelen vooral dat de huizen niet op rotsgrond gebouwd zijn, en laten dus nuances als hoogveen, laagveen en zeeklei weg.)

maximaal ongemak voor gemotoriseerden: deuken in de weg, wegzakkende tramrails, en overal voor verkeer afgesloten straten in verband met herstelwerkzaamheden.

De Hollanders zijn trots op hun klinkerbestrating. Een wegwerker hoeft nu immers nooit meer straatstenen te verwijderen dan nodig is. De vraag is natuurlijk of er überhaupt wel stenen verwijderd zouden hoeven worden als de wegen een beetje behoorlijk gemaakt waren.

Het kostbaarste bezit van een cloggie is zijn rijwiel. Dat kan een superlichtgewicht racefiets zijn met vijftien versnellingen, dan wel een roestig derdehandsje dat door de generaties heen in de familie is gebleven. Het land is vergeven van dit soort vehikels.

Hollanders zijn meesters in alles wat met water te maken heeft: bruggen, dijken, kanalen, regen, enzovoort. Ze hebben hun zand voortdurend met een doorwrochte overlevingstechniek moeten verdedigen tegen de elementen, iets wat ze je steeds weer aan het verstand brengen. Dat hun overlevingstechniek hun tegen menselijke vijanden maar weinig gebaat heeft, zullen ze hardnekkig verzwijgen.

Water is een oersymbool voor zuivering en reinheid, en wellicht is ook dat een verklaring voor de Hollandse waterzucht. Veel cloggies hebben een pathologische was- en poetsdrang, die feitelijk weinig te maken heeft met hygiëne. Dat geldt speciaal voor de oudere generatie: het lijkt of de smetvrees met de jaren toeneemt.

Overigens zal die oudere generatie in het vervolg van dit boek maar weinig aan de orde komen. Want hoewel ze nog volledig in het bezit zijn van hun Hollandsheid, lopen ze er aanmerkelijk minder mee te koop. Misschien dat ze na hun zestigste die ontregelende folklore eindelijk aan hun erven durven over te laten. Maar het zou ook kunnen zijn dat die ene periode van ontbering die veel ouderen hebben meegemaakt, namelijk te moeten leven onder het juk van een moordzuchtig Derde Rijk, hun blik op de wereld heeft verruimd.

Hoofdstuk 3
Openbaar vervoer

Behalve het nationale spoorwegnet heeft Holland, zoals de meeste andere landen, regionale busmaatschappijen voor het lokale vervoer. Verstedelijkte gebieden kennen de tram, Rotterdam en Amsterdam hebben ook nog een ondergrondse. Het openbaar vervoer is voortreffelijk: efficiënt, eigentijds en comfortabel. Ook taxi's (meestal Mercedessen) zijn er in overvloed, en redelijk geprijsd.

KAARTJES

De fysieke beperktheid van Holland bracht de busmaatschappijen als vanzelf samen: het hele land is nu verdeeld in genummerde reiszones. Kaartjes zijn geldig in een bepaald aantal zones, en de duur van hun geldigheid hangt weer af van het aantal doorkruiste zones. Je bent vrij om waar dan ook heen te gaan, binnen de vastgestelde zonegrenzen, voor zolang als toegestaan. Tot zover lijkt het simpel. Om bijvoorbeeld met de bus van Hilversum naar Loosdrecht te gaan, koop je een kaartje voor het benodigde aantal zones. Maar helaas, zo makkelijk gaat dat niet. Afgezien van een abonnement, hebt u twee mogelijkheden:

1. Koop van tevoren een ongestempelde kaart bij een officieel verkooppunt (postkantoor, tabakszaak, stationsloket). De Nationale Strippenkaart is verdeeld in een aantal aparte strookjes en kan worden gebruikt in alle bussen, trams en metro's van het land. Het enige wat u hoeft te doen is netjes afstempelen in een van de daarvoor bestemde gele apparaten of bij de chauffeur. Hoe je op de goede manier afstempelt is te ingewikkeld om in één boek uit te leggen.

2. Koop een kaart bij de chauffeur. Dit is niet aan te bevelen, want zo'n kaart valt per reiszone aanmerkelijk duurder uit dan een in de winkel gekochte kaart.

Wanneer je in de rij staat om een treinkaartje te kopen, ontvouwt zich een vermakelijk tafereel. Na het kopen van een kaartje doet de gemiddelde cloggie een stap opzij, meestal naar links, staat eventjes te hannesen, zet een tevreden gezicht op en loopt weg. Oningewijden zouden kunnen denken dat de stap opzij bij het aankoopproces hoort. Mis. Wat de cloggies doen is de inhoud van hun portemonnee reorganiseren, een inventaris opmaken en het treinkaartje in hun handbagage doen. Ook in de trein kunt u een kaartje aanschaffen. Al naar gelang de omstandigheden kost u dat:

- de standaardprijs (als u aantrekkelijk bent);
- de standaardprijs plus een bescheiden toeslag;
- de standaardprijs plus een forse boete.

Officieel dienen kaartlozen zich voor vertrek bij de conducteur te melden, waarna de toeslag in rekening wordt gebracht. Maar in de praktijk, wanneer je je vrijwillig aangeeft bij de conducteur en zijn humeur goed is, betaal je de gewone prijs, en sóms een toeslag. Word je daarentegen op heterdaad betrapt, dan krijg je een boete. Soms.

Tot 1985 werden in het openbaar vervoer maar zelden kaartjes gecontroleerd. Maar in dat jaar bleek uit de steeds oplopende verliezen zonneklaar dat het systeem van goed vertrouwen gefaald had. Er kwamen teams van controleurs, vaak gehuld in gewone kleren. Maar die dracht werd door de democratische Hollanders al snel uitgebannen, met het argument dat een zwartrijder een eerlijke ontsnappingskans moest hebben. Tegenwoordig bestaan de groepen controleurs uit geüniformeerde jongeren, tieners of beginnende twintigers. De typische samenstelling van zo'n team is: één of twee vrouwen, één blonde inheemse jongeman, en een combinatie van Turken, Surinamers en/of negers. Vaak zijn deze jongelui erg schappelijk met mensen die niet of niet goed hebben afgestempeld. Maar wees ook niet verbaasd te zien hoe de jongelui, wanneer de metro stopt op een station, woest een ontsnappingspoging verijdelen. Ze mogen een verdacht persoon bij de kladden grijpen. Wanneer die zich aan hun omklemming probeert te ontworstelen, blijft de metro net zolang staan als het duwen en trekken op het perron duurt. Uiteindelijk wordt de vluchteling weer de metro in gesleept. De deuren gaan dicht, de trein vertrekt, en het slachtoffer verklaart luide: 'Maar ik heb niks gedaan.'

VOOR MEE OP REIS

Ieder volk heeft zijn eigen trekjes en tradities wat betreft openbaar vervoer, zeker voor de wat langere reizen. Russen zoeken het allicht in wodka of een schaakspel. Andere nationaliteiten nemen hun levende have mee het openbaar

vervoer in, op weg naar de markt. Maar de Hollanders nemen, in plaats van schapen, kippen en geiten, hun fiets mee aan boord, leesvoer en op z'n minst één enorme bos bloemen, die door iedereen mag worden bewonderd. Voor fietsvervoer zijn speciale kaartjes te koop. Leesvoer en bossen bloemen mogen gratis mee, omdat ze

a. de medepassagiers veel plezier bezorgen en
b. een uitstekend gespreksonderwerp vormen.

Ten slotte nemen de Hollanders ook dolgraag honden mee, in welke vorm van openbaar vervoer dan ook. Er zijn hondenkaartjes te koop, voor honden die te groot zijn voor in de boodschappentas, of wanneer het beest zijn eigen zitplaats wenst te hebben.

WACHTREGELS VOOR HET OPENBAAR VERVOER

1. Of u nu wacht op tram, bus, metro of trein: vorm zodra die aankomt met de andere wachtenden een menigte en blokkeer de deuren, zodat niemand eruit kan. Ga vooral niet uit de weg wanneer de deuren opengaan en mensen naar buiten proberen te komen, want dat zou de procedure aanmerkelijk versnellen. En u zou toch niet willen dat iemand bij het instappen voor zou kunnen dringen! Als u daarentegen toevallig een uitstappende reiziger bent, heeft u het volste recht de stomme idioten die u de weg versperren tot in het vierde geslacht te vervloeken.

2. In de spits zijn er genoeg mensen met wie u een aanvullende blokkade kunt vormen. Schuifel of sta stil, zodat u iedereen die heeft weten uit te stappen verhindert zich naar de trap of roltrap te haasten. Met dit 'flipperspel' scoort u een punt voor iedere keer dat iemand tegen u opbotst, en voor iedereen die door u op welke manier dan ook in zijn bewegingsvrijheid wordt belemmerd.

WAT TE DOEN ONDERWEG

Wilt u naadloos in uw omgeving opgaan, zorg er dan voor dat u praat over 's lands favoriete onderwerp: guldens.

Het is voor Hollandse ingezetenen verplicht te mekkeren over voedselprijzen, de hoogte van uitkeringen en subsidies, en de economie in het algemeen. Het valt echter niet-Hollanders zeer af te raden om kritiek te spuien op de Hollandse zeden en gebruiken.

Wanneer de trein voor een rood sein wacht en het stil is in de coupé, is alleen al het kraken van een plastic tas genoeg om de aandacht te trekken van iedereen binnen gehoorsafstand. Iedereen zal zijn bezigheden onderbreken om uit te vinden wat jij uit die tas gaat halen, en zal ook proberen te lezen wat er op die tas gedrukt staat.

Kies zorgvuldig uit wat u gaat lezen, zodat het indruk maakt op uw reisgenoten. Het is voor de perso(o)n(en) naast u verplicht een groot deel van de reis door te brengen met het bestuderen van uw leesmateriaal. Afhankelijk van hun stemming doen ze dat terwijl ze hun krant omhooghouden alsof ze díe aan het lezen zijn, of ze staren botweg. Dat houdt ze tevreden: helemaal gratis leren en studeren!

Tegenwoordig zie je allerlei mensen vol trots rondlopen met een computerboek, hoewel de computer hen waarschijnlijk niet interesseert en ze er nog minder van snappen. Begin jaren tachtig stuitte de computertechnologie bij de Hollander nog op veel weerstand. Computerboeken werden argwanend bekeken, sterker nog, de doorsnee cloggie durfde er zelfs 's nachts niet mee over straat. Wie als een van de weinigen toch over dit taboe-onderwerp wenste te lezen, deed dat op eigen risico en natuurlijk alleen als de zitplaatsen naast hem of haar leeg waren.

De Hollandse nieuwsgierigheid verdubbelt, als u in plaats van te lezen besluit te schrijven.

GEDRAG

De gedragsregels voor het openbaar vervoer zitten diep in de Hollanders verankerd. Wie hen niet wenst te schofferen, houdt het volgende in de gaten:

1. Wanneer u als een van de eersten instapt, verspreidt u uw bezittingen losjes over de zitplaats(en) naast u. Om de toegang tot de nabijgelegen vrije plaatsen te blokkeren, strekt u de benen. Wanneer de raamplaatsen vrij zijn, is het de vaste regel dat u aan het gangpad gaat zitten. Komt er iemand voorbij op zoek naar een zitplaats, negeer die

persoon door de andere kant op te kijken, een krant te lezen of te doen of u slaapt.

2. Wanneer het voertuig vol is, ga dan ìn het compartiment staan om de weg te versperren voor iedereen die er langs wil.

3. Wanneer de trein uw bestemming nadert, word dan onrustig. Indien mogelijk, sta op en ga nerveus met uw bagage in de weer.

4. Degenen achterin of middenin het compartiment horen zich duwend en dringend en/of in een stormloop naar de deur voorin te begeven. Het is verleidelijk hier van 'rij' te spreken, omdat de manier van staan daar enigszins op lijkt, maar dit komt uitsluitend doordat het nauwe gangpad in de breedte maar plaats biedt aan één persoon.

Hollandse Bewegingswet

De uitstaptijd is omgekeerd evenredig met de afstand tot de deur. Met andere woorden, wie het dichtst bij de deur zit, stapt het laatst uit. Wie haast heeft, dient dus zo ver mogelijk van de uitgang af te gaan zitten.

5. Kijk na aankomst op het imposante station Amsterdam-Centraal niemand meer in de ogen, anders wordt u lastig gevallen: met hasjiesj, heroïne, cocaïne, een goedkoop hotel of hotelschip, sleep-ins, linkse kranten, rechtse kranten, onafhankelijke kranten, schoenen poetsen, petities tekenen, of u mee wilt doen aan een rel of demonstratie, kraker wilt worden, of homofiel, of lesbisch. Naar de grond blijven staren is trouwens ook nuttig als u eenmaal het station heeft verlaten en de hopen hondestront tegenkomt die alom de Amsterdamse straten opsieren. Stoor u niet aan het woord *shit*. De Hollanders hebben het als een alledaagse uitdrukking aan hun taalschat toegevoegd.

Hoofdstuk 4
Het Hollandse huis

Vraag een Hollander naar zijn huis en hij zal je vertellen dat het daar gezellig is, een woord waarvoor volgens de Hollanders geen Engelse tegenhanger bestaat. Het woordenboek noemt *cosy* (gezellig). Lees daarvoor in dit geval gerust: *cramped* (volgestouwd). Want de levende bewoners (planten, huisdieren en mensen) geven de woning haar ziel, maar de sfeer wordt bepaald door een tomeloze overdaad van levenloze zaken. Al die elementen samen vormen 'thuis'.

STEDELIJKE ARCHITECTUUR

Een typisch huis in de oude wijken bestaat uit vier aparte wooneenheden, oftewel etages. Het gebouw heeft twee voordeuren, één voor de bewoner(s) op de begane grond, en één voor de bewoners van de tweede, derde en zolderetage.* De zeer lange en smalle trap (zie verderop) leidt naar de hogere etages. Onvermijdelijkerwijs hangen er, boven de trapleuning, één of meer fietsen aan de muur. Dit doordachte ontwerp zorgt voor:

– Maximaal ongemak voor wie binnentreedt.

– Maximaal lawaai voor de bewoners die het kletsen, giechelen en de klossende tred horen van ieder die naar binnen of buiten gaat.

– Maximaal lawaai èn ongemak voor bezoek en bewoners die pogen zich te bevrijden uit een kluwen fietsen, of

* (Noot van de vertaler: zo luidt de letterlijke vertaling. Een Amsterdammer vraagt zich nu af: waar is de eerste etage gebleven? Of is onze Hollandse eerste etage hun Amerikaanse tweede? Maar in dat geval hebben onze bezoekers in Amsterdam over het hoofd gezien dat veruit de meeste huizen niet drie, maar vier woonlagen plus een zolderverdieping hebben.)

proberen trappers, sturen enzovoort uit hun oren te peuteren.

Een opvallende bouwkundige eigenaardigheid bevindt zich onder de beroemde Hollandse gevel, of maakt daar deel van uit: een verroeste antieke vleeshaak hangt aan een houten of metalen balk die uit de voorkant van het pand steekt. Dat is niet een symbolisch overblijfsel van het barbaarse verleden van dit pacifistische land. Aan de haak hangt een takel die het mogelijk maakt om zware meubelstukken en andere volumineuze zaken van de grond af omhoog te hijsen. De ramen en kozijnen zijn er op gemaakt om snel verwijderd te kunnen worden, zodat er op elke etage genoeg ruimte is om een lading naar binnen te kunnen takelen. Menig Hollander vreest de publieke vernedering die hij ondergaat wanneer de last heen en weer gaat zwaaien en het pand binnenkomt via een aangrenzende etage.

Andere bijzondere uiterlijke kenmerken (naar keus) zijn onder andere:

– Een korte metalen buis, onder een hoek van vijfenveertig graden op de muur gemonteerd. Eigenlijk is dat een vlaggestokhouder, ter ondersteuning van de nationale driekleur op patriottische feestdagen. Vlaggestokhouders op de begane grond worden door de plaatselijke jeugd tevens gebruikt als asbak en vuilnisvat.

– Het spionnetje, vastgemaakt op of naast het raamkozijn. Het lijkt op een grote autozijspiegel, mogelijk gestolen van een vrachtwagen. Oudere echtparen gebruiken het om ongezien het straatleven in de gaten te houden.

– Een verzameling grof huishoudelijk afval, zoals tuinmeubels, w.c.-potten, wasbakken, bedoeld om de stoep op te fleuren.

– Een aantal enorme boomstammen, die van de dichtstbijzijnde stoeprand tegen de voorgevel leunen. Deze houten kolossen vormen voor de buurthonden een natuurlijk openbaar toilet en dienen verder voor het hinderen van zowel voetgangers, fietsers als gemotoriseerden. Een bijkomende functie is te voorkomen dat het huis instort.

– Een levende glazenwasser, ongeveer om de vier weken

ter plekke aan het werk, ongeacht weer, jaargetijde of de toestand van het vensterglas.

TRAPPEN

Het Hollandse equivalent van de Anglo-Amerikaanse *stairs* is de Hollandse trap, ook wel trappehuis genoemd: een bewonderenswaardige uitvinding. De trap is steil en nauw en de treden zijn nogal ondiep: er is nog te weinig plaats voor de helft van je voet. In nog oudere huizen lijkt het trappehuis op een in elkaar gedraaide ladder.* Inderdaad is het zo dat je trappen moet beklimmen zoals een ladder, je onzeker vastgrijpend aan de hogere treden, of met je handen aan de leuning – als die er is. Maar er is met ladders een gevaarlijk verschil: er is in dit geval geen ruimte om – voor de balans – je voeten wat naar voren te laten uitsteken. De hooghartige Hollanders doen dit krankzinnige verschijnsel af als een natuurwet. En het biedt ze die onmisbare oefening die andere volken opdoen bij het beklimmen van rotswanden.

Parallel aan de trap loopt, door een serie oogjes, een touw of een stevig koord, eindigend in een onontwarbare knoop die weer aan het deurslot vastzit. Deze hightech voorziening stelt bewoners van alle etages in staat voor bezoekers de deur open te doen, zonder gedwongen te worden alle trappen af te gaan: dat zou meer lichamelijke inspanning vergen dan voor een cloggie goed is. En te veel traplopen veroorzaakt natuurlijk ook extra slijtage van schoeisel en trapbekleding, wat zou uitmonden in voortijdige vervanging van beide.

Tot slot: hoe u ook de trap bestijgt, gebruik niet het touw als houvast. Daarmee opent u namelijk het slot van de voordeur, zodat u weer naar beneden moet om de deur te sluiten. Hardnekkig onbegrip kan in die situatie leiden tot een eeuwig jojo'en in het trappehuis: trap op, deur open, trap af, deur dicht, trap op, deur open...

* (Noot van de vertaler: de schrijvers menen dat ons Hollandse 'trap' waarschijnlijk veel te maken heeft met het Engelse *trap*: 'val' of 'hinderlaag'.)

MEUBILAIR

De populairste stijlen van inrichten zijn ofwel quasi-futuristisch (de Scandinavische invloed), of namaak-klassiek (de Duitse invloed). De kamers worden met dergelijk meubilair letterlijk overladen, wat verder bijdraagt tot het claustrofobische gevoel dat al veroorzaakt wordt door:

– De gebrekkige omvang van de woning.

– Het voorgeschreven Hollandse kleurenschema, bestaande uit nondescripte tinten als Bedorven Room en Uitwerpsel Bruin.

– De voortwoekerende kamerplanten.

Eén woongedeelte hoort gedomineerd te worden door een bureau en lompe boekenkasten. Wanneer deze twee zaken aanwezig zijn, kan namelijk een zeker belastingvoordeel worden verworven. De inhoud van de boekenplanken laat op de bezoeker een beeld van de eigenaar achter zoals die zich dat het liefst wenst.

Gordijnen zijn belangrijk in het Hollandse leven. Bijna ieder huis heeft dubbel uitgevoerde gordijnen. Fijnmazige gordijnen (vitrage) en zwaardere gordijnen, tot op de grond. Het is de gewoonte om de gordijnen van de voorkamer dag en nacht open te laten, zodat eenieder naar binnen kan blikken en de bezittingen bewonderen. Zelfs de armste Hollanders weten aan genoeg geld te komen om van hun voorkamer een toonzaal te maken, en geven daaraan aldus die speciale cloggie-uitstraling waarmee iedere voorbijganger een groot plezier gedaan wordt. Geloven de eigenaars, en ze laten de gordijnen open. Wat een paradox oplevert: naar Hollandse normen (zie hoofdstuk 8) is het zonde, bijna zondig, om gordijnen per meter te betalen en maar een kwart van de lengte te benutten. Maar wie even doordenkt ziet dat die schijnbaar overbodige stof wel degelijk nut heeft: wanneer de officiële bewoners op vakantie zijn, of anderszins 'niet thuis', voorkomt het dan gesloten gordijn dat de leegstand wordt opgemerkt door dieven, zwervers en krakers.

HET TOILET

Nergens dringt het claustrofobische gevoel zich sterker op dan in een Hollands watercloset. De Hollanders hebben de term *closet** letterlijk genomen, en hebben het meest intieme kamertje het formaat van een kast toebedacht. Ben je er eenmaal in geslaagd om binnen te komen, dan is het

* (Noot van de vertaler: Engels voor kast.)

volgende probleem hoe je nu om te draaien, de deur dicht te doen, en de kleding in gepaste wanorde te brengen. Bij het gaan zitten bevangt je het dilemma of je nou je knieën stevig tegen de deur aan zult drukken, of dat je ze toch liever onder je kin geklemd houdt. Ieder gevoel van bevrediging na het volbrengen van de natuurlijke plichten wordt tenietgedaan door het besef dat je nu een manier moet vinden om weer omhoog te komen en je te ontsluiten.

Verreweg het meest verontrustende kenmerk van het Hollandse toilet is het toilet zelf. De pot heeft een unieke vorm, namelijk met een vlak gedeelte, ruim boven het normale waterpeil. Het doel daarvan wordt u duidelijk op het moment dat u er voor het eerst gebruik van maakt. Maar waarom nu die wereldwijze, beschaafde Hollanders de masochistische behoefte hebben hun meest recente darminhoud te bestuderen, blijft een raadsel. Misschien is het niet zozeer de aanblik van het op het inspectieplateau nagistende uitwerpsel zelve, maar gaat het om die hoogstpersoonlijke geur die uit de diepte komt opzetten en nog lang blijft hangen nadat de schuldige substantie haar laatste reis heeft aanvaard.

Het spoelsysteem is een technisch hoogstandje, en niet in hydraulische zin: het geniale zit hem in het onvindbaar maken van de 'trekker'. Hollanders lijken een sadistisch genoegen te scheppen in het bedenken van de meest bizarre ontwerpen. Wees voorbereid op:

– een knop op de valpijp, die aansluit op een hoog reservoir;
– een knop op de voorkant van een laag reservoir;
– een knop op de bovenkant van een laag reservoir;
– een hendel aan de zijkant;
– een ketting, een snoer of een stukje touw;
– een voetpedaal;
– een visje dat je aan z'n staart moet trekken;
– een jongetje dat je aan z'n staart moet trekken;
– een lineaire, verticaal opererende spoelklep-opener;

kortom, een knop waar je aan moet trèkken.

Als u nog steeds niets vindt, ga dan op zoek naar een verend opgehangen pijp ergens tussen het reservoir en de pot. Is die er, maak een pompende beweging. Dat uw hand nat wordt geeft niks, dat hoort erbij. Faalt ook deze noodgreep, keer terug naar uw vertrekpunt en klaag dat vieze mensen verstopping hebben veroorzaakt. Normaal gesproken zou dit alles een amusante bezigheid zijn: maar helaas, u heeft ook te maken met de eerder besproken beklemmende walm die langzaam vanuit de pot... genoeg hierover!

Maar wat er ook gebeurt, trek niet aan het kleine pijpje dat uitsteekt aan de voorkant van een hoog reservoir. Dat is namelijk een overloop, die u zolang u zit zal gaan besprenkelen met tamelijk bedompt water. En als het pijpje dat al deed, blijf er dan zeker van af.

Typische versierselen op de w.c. zijn een aan de deur bevestigde verjaardagskalender, de verplichte kamerplant (God zij die genadig), dingen om te lezen, een machteloze luchtverfrisser in blikverpakking, en een verweerde schriftelijke mededeling (en/of cartoon) die heren verzoekt de bril omhoog te doen.

DE KEUKEN

De tweede plaats in de kleinste-kamer-competitie valt toe aan de keuken, als dat al een aparte ruimte is. Deze kamer, dan wel dit vloeroppervlak, onderstreept krachtig het Hollandse vermogen tot woekeren met centimeters. In de minder draagkrachtige klassen is het hele gebied bezaaid met potten en pannen, gereedschap, kamerplanten en bierkratten. Een bijna antiek, wit vierpits gasstel staat boven op de koelkast. In vermogender kringen wordt het gehele beschikbare oppervlak volgeladen met moderne apparaten (magnetron, mixer, keukenmachine, citruspers), kamerplanten en bierkratten.

Geen Hollandse keuken is compleet zonder koffiehoekje, een heilig gebied. Daar vinden wij een koffiezetmachine (type druppelaar), een reeks kannen en kruiken, een overvloedig aanbod van koffiemelk en een verzameling koffiekopjes, schoteltjes en diverse types dwergachtige lepeltjes. Een pak koffiefilters is losjes aan de wand geprikt.

Meestal is aan de muur boven de gootsteen een kleine

waterverwarmer (geiser) bevestigd, die het hele huishouden van warm water voorziet. Deze opzet werkt aardig, vooropgesteld dan dat tegelijkertijd maar één warmwaterkraan gebruikt wordt. Als u onder de douche staat en het water wordt koud, dan is dat waarschijnlijk omdat in de keuken iemand de fluitketel vult.

HUISDIEREN

– katten (om muizen te vangen)
– honden (hoe kleiner de woning, des te groter de hond)
– vissen (daarnaar staren schijnt de agressiviteit te verminderen)
– konijnen (om door de kinderen geknuffeld te worden)
– ratten (om op je schouder mee de stad in te nemen)
– exotische vogeltjes (opgesloten in kooien, om medelijden mee te hebben).

HUISBOTEN

Alleen al in Amsterdam zijn er ongeveer vierentwintighonderd huisboten.* Een ideale plek om te wonen voor wie het doorsnee Hollandse binnenhuis nog wat aan de ruime kant vindt. Een huisboot is meestal een krakkemikkig verbouwd binnenvaartschip met één of twee goedkope wooneenheden. Over het algemeen hebben deze binnenvaartschepen geen roestige haak die aan de voorgevel bungelt en is het trappehuis vervangen door een wankele, smalle loopplank. Het meubilair voldoet aan de Hollandse normen, maar is spaarzamer aanwezig in verband met het gewicht en de ruimtelijke beperkingen. Het toilet aan boord is zelfs nog beklemmender. Het riool loost direct in de gracht waarin de huisboot afgemeerd ligt. De ventilatie is beneden de maat, de verwarming is een oliegestookte potkachel, gekookt wordt op een gasstelletje (butaan of aardgas). Dit alles maakt van het drijvende huis een drijvende bom. Verder geeft het verblijf in een huisboot die

* (Noot van de vertaler: de schrijvers geven zèlf als Nederlands equivalent voor hun eigen Engelse *houseboats*, 'huisboten'. Ach, waarom ook niet.)

in druk vaarwater ligt een geheel nieuwe inhoud aan het woord *hangover*.

Ondanks al dit klein ongemak blijft wonen op een huisboot in de mode. Wellicht dat zulks ontspruit aan de zeevaarttradities, of anders aan de behoefte om tijdelijk te ontsnappen aan het alom aanwezige baksteen en beton. Hoe dan ook, wonen op een huisboot oogt aangenaam inheems. En hoewel de meeste huisboten allang definitief van hun varende taak ontheven zijn, blijven de eigenaars eindeloos prutsen om het voortstuwingssysteem in lopende conditie te houden.

In Utrecht vormen huisboten het hoofdbestanddeel van de hoerenbuurt.

Hoofdstuk 5
Groeiende zorgen

FLOWER POWER

Wanneer u dank, medeleven of liefde aan een cloggie wilt betuigen, geef dan bloemen.* Als u excuses aan wilt bieden, of iets goed maken, een ruzie bijleggen, probeer het met bloemen. Als u wordt uitgenodigd voor een Hollands etentje, zorg ervoor dat u bloemen meebrengt. Hollanders geven elkaar bloemen bij alle gelegenheden. Waar andere nationaliteiten een kaartje zouden sturen, en waar weer anderen met een nuttig cadeautje aan zouden komen, daar zeggen de Hollanders het met bloemen. Een cloggie met een bos bloemen op een fiets is net zo karakteristiek als een Fransman met een stokbrood.

Bossen bloemen worden idealiter hangend vervoerd, zodat het overtollige water uit de vorige emmer door de verpakking heen in uw broekspijp kan druppelen. Wat ook de aanleiding voor het geven is, pak de bloemen uit zodra u voor uw gastheren (m/v) staat. Voor uw ogen zullen ze ontdooien en de kern van hun cloggie-zijn zal zich weerspiegelen in een onwereldse euforie op hun gezichten. Dan volgt er een ceremonieel oppoetsen en bijsnoeien van de bos, en pas daarna wordt u uitgenodigd plaats te nemen in hun nederige stulpje.

Wanneer u een Hollands huis betreedt, zorg dan voor een kapmes waarmee u zich een weg door de begroeiing kunt banen. De Hollanders zijn zo trots op hun obsessieve liefde voor planten en bloemen dat de doorsnee huiskamer meer op een subtropische jungle lijkt dan op een Europese leefruimte. Wanneer u uiteindelijk een plaatsje gevonden hebt om te zitten, valt uw blik ongetwijfeld op nog meer vazen met verse snijbloemen, strategisch geplaatst op

* (Noot van de vertaler: pronounced as 'blue men', meldt het origineel.)

in het oog springende open plekken. Nog meer groen wordt gekoesterd buiten voor de ramen, in voor- en achtertuin (indien aanwezig), of op de buitenkozijnen en op de balkons (door flatbewoners).

GROEIENDE GULDENS

Uiteraard floreert de bloemenindustrie. Die is dan ook een voorname inkomstenbron voor het land. In sommige delen van het nog resterende platteland vormen bloemenvelden een kleurige lappendeken. Maanden van kou noch de warmbloedigheid van soorten staan de kweek in de weg, dankzij het gebruik van kassen.

In steden en dorpen krioelt het van de bloemenwinkels, bloemenstallen en bloemenkarren, met voor iedereen betaalbare prijzen. Holland is de grootste bloemenexporteur ter wereld. Dagelijks worden de bloemen aan handelaren verkocht op de grote bloemenveiling in Aalsmeer. Dat gaat volgens de democratische methode van de Hollandse

Veiling,* waarbij de aanbieders de prijs net zolang laten zakken tot iemand het eerste bod uitbrengt. Zelf noemen de Hollanders hun Hollandse Veiling de 'Chinese Veiling'.

De Groene Gekte beperkt zich niet alleen tot bloemblaadjes. Alles wat groeit en bloeit is een absoluut zekere winstbron. Ook kamerplanten en groenten voor de export nemen op de markten en velden een ruime plaats in.

Het aanschaffen van een nieuw groenbloedig familielid is nog maar stap één. Alle plantaardige parafernalia (een fraaie pot, speciale grond, een drinkbuisje, allerlei soorten mest, bladerpoets, enzovoort) worden nieuw gekocht of ergens opgedoken. Geld speelt geen rol. Zonodig wordt zelfs de huisbibliotheek uitgebreid met doe het zelf-uitgaven als *Hoe verzorg ik mijn liefste Hevea brasiliensis?* en *1001 voornamen voor uw nieuwe Euphorbia pulcherrima.*

Het is nog niet bij de Hollanders opgekomen dat al deze plantenkwekerij zonde is van al dat land dat anders voor nuttige gewassen gebruikt kon worden. De oogsten zouden naar de kreperende massa's in Afrika verscheept kunnen worden: een mooi onderwerp voor een nieuwe nationale controverse (zie ook hoofdstuk 11, De Nationale Hartstocht). En de wereld wacht met ingehouden adem af hoe de Hollanders in dat geval weer zouden protesteren tegen de verkwanseling van hun bezit.

GROND WETTEN

Je zou kunnen denken dat de tomeloze produktie van tulpen, bomen, bieten, bonen en piepers de Hollandse grond inmiddels lang en breed uitgeput heeft. Maar nee: de regelmatige toediening van koeiepoep en andere meststoffen heeft de gewijde Hollandse grond vruchtbaar gehouden. Dat wil zeggen: tot nu toe. De akkers raken langzaam verzadigd met de overblijfselen van vijfennegentig miljoen kilo mest, jaarlijks geschonken door de zeventien miljoen koeien en varkens (de vierbenige soort) die Holland bevolken. Een duidelijk geval van stront aan de knikker.

* (Noot van de vertaler: *Dutch Auction* is een staande uitdrukking in het Anglo-Amerikaans.)

Begerig naar het slaan van munt uit mest hebben de lokale autoriteiten nu mestbanken opgezet, voor opslag en afvoer. Om het financiële succes te garanderen wordt op iedere leverantie een mestheffing in rekening gebracht, en bovendien krijgt de mestverzamelaar subsidie. Het nieuwste gerucht is dat de mestbanken een honderd procent staatsbedrijf gaan worden 'om het overschot efficiënter te kunnen gebruiken'.

BOMEN OVER BOMEN

In het verlengde van hun liefde voor het plantenrijk hebben de Hollanders de boom zo'n beetje tot Nationaal Symbool verheven. Stadjes en steden geven genereus geld voor verzorging en onderhoud van bomen. Elke openbare boom staat genoteerd, heeft een nummer, en wordt aandachtig gevolgd. Boomchirurgen bekijken, onderzoeken en opereren waar nodig. De enige toegestane vorm van boommishandeling is die door een andere overbeschermde soort – de cloggie-kinderen (zie hoofdstuk 6). Opgewekt mishandelen, vertrappen en verminken zij de vegetatie, om zo vrijheid en éénwording met de natuur te ervaren.

Dit gezegd hebbend, komen we op die typische dubbele moraal van het cloggie-dom. Aan de ene kant exporteren ze complete bossen in de vorm van klompen, als symbool van hun land. Aan de andere kant hebben ze schoon genoeg van hun doffe klompen- en molensimago. Een conflict dat ook weer aan de orde kwam toen we aan ons boek begonnen, en een kritische vraag kregen van de Hollandse illustrator.

'Het wordt toch niet weer hetzelfde oude liedje? Zo'n boek waarin alle Nederlanders op klompen lopen en pornokiekjes van hun kinderen maken om te verkopen in Amerika?'

En dan vraag je je af, of op onze milieubewuste planeet het verzagen van bossen tot klompen en tafelmolentjes-met-lampjes nog wel verdedigbaar is, of dat de Hollanders toch hun strategie maar eens moesten herzien.

Hoofdstuk 6
Kinderen

'In twintig jaar heb ik niet één keer gezien dat een kind een lijfstraf onderging.'

Luca Dosi Delfini, Nederlands kunsthistoricus, National Geographic, 1986.

Er zijn twee manieren om een kleine cloggie op te voeden: de vertrouwde, traditionele, waarbij hem goede manieren en beleefdheid worden bijgebracht (nog weleens aangetroffen, voornamelijk op het platteland), en er is de hedendaagse opvoeding tot vrije, onbeschofte, bedorven en verwende halfgodjes.

KINDEREN MAKEN

De beste plaats om zwanger te zijn of geboren te worden is Holland: iedere cloggie-ouder zal u dat voorhouden. Vroedvrouwen en huisartsen worden zowel theoretisch als praktisch degelijk geschoold in de verloskunde. Meestal wordt een natuurlijke geboorte aangemoedigd, en thuis bevallen bevalt het best. Daar waar de bevalling plaatsvindt, hangt een mystieke sfeer van gezelligheid en intimiteit onder de aanwezigen. Alleen bossen bloemen worden, vreemd genoeg, niet toegelaten. Wanneer de nieuwgeborene eindelijk verschijnt, wordt die behandeld met uiterste liefde en zorg – misschien wel te veel.

HET OPVOEDEN VAN HOLLANDSE HOOGHEIDJES

De gulden regel is: laat ze hun gang gaan. Vrij om wat ze maar willen te ontdekken en te ondergaan. Vrij om creatief te zijn (vernielzuchtig), zonder rekening te houden met de anderen zolang die niet in levensgevaar komen. Ze moeten leren zelfstandig en opstandig te zijn en wel zo snel mogelijk. Spreek de drammerige dwergjes aan in babytaal totdat ze hun jeugd hebben afgerond (zo rond hun dertigste). Laat u, althans als er mensen bij zijn, kennen als gedegen opvoeder. Laat publiekelijk zien hoe u orders uitdeelt over wat mag en wat niet. De kleine zal onmiddellijk ongehoorzaam zijn om de houdbaarheid van de uitgevaardigde verboden te testen, waarna het engeltje verder eenvoudig wordt genegeerd, ook al vertoont het ernstige recidive.

KINDEREN HINDEREN

Laat op bezoek bij een Hollands gezin alle hoop op een redelijk gesprek varen. Onvermijdelijk zal een kind met een grote muil

– tussen u en de gastheer (m/v) in gaan staan en vervolgens babbelend en dansend (op uw tenen) om aandacht smeken;

– zich tegen mama aandrukken, haar gezicht en haren aaien, of rondhangen op haar schoot en stompzinnige en overbodige vragen stellen;

– tussen u beiden in gaan zitten, u aanstaren en elke gezichtsuitdrukking en beweging nadoen.

Wanneer de moeder merkt dat u, vanwege het gedrag van haar kind, wilt vertrekken, zal ze met haar strengste stemgeluid het kind vertellen om weg te gaan en 'mama even te laten praten'. Het kind zal zich daar niet aan storen, tot het commando minstens drie keer herhaald is. Binnen vijf minuten komt het kind weer terug. Moeder zal dolblij zijn haar kleine snoepje terug te zien, alles is volkomen vergeten en vergeven.

Andere geliefde capriolen van Hollandse kinderen zijn gillen, schreeuwen, vechten, janken, de kamer rondrennen, met deuren slaan, over alle meubels klauteren, tegen je aan botsen, enzovoort, zodat ieder gesprek onmogelijk is.

Diezelfde houding vertonen ouders en hun kroost ook in het openbaar: in wachtkamers, onderweg, op school, op straat, in winkels en restaurants. Hoedt u boven alles voor het Bioscoopsyndroom, waarbij de gezamenlijke akelige trekjes van grote en kleine cloggies uitmonden in drie uur pure hel (zie hoofdstuk 7).

Twee moeders stappen de metro in, samen met vijf kleine kinderen. Een van de kinderen zit met haar smerige handjes aan de bovenkant van de tas van een meneer. Hij vraagt haar daarmee op te houden. De moeder, diep geschokt door 's mans gedrag, legt hem (uitvoerig) het belang van vrijheid voor kinderen uit. Terwijl ze nog immer haar kind staat te verdedigen, stopt de metro bij een halte, de deuren zwaaien open en een van de kinderen stapt uit. Deuren dicht, en de metro vertrekt. Op het moment dat die de metrobuis weer in rijdt, merkt moeder de vermissing op en trekt aan de noodrem. De zojuist vermaande medepassagier glimlacht en zegt: 'Maar dat kind probeerde alleen maar vríj te zijn...'

Een moeder en een vijfjarige lopen langs een aantal modelkeukens. Het kind wil er op af. Moeder zegt: 'Niet aan de kastdeuren zitten. Niet aan de keukenlaatjes zitten.' Het kind nadert een modelkeuken. 'Niet aankomen,' roept moeder. Het kind komt aan in de modelkeuken. Moeder, op weg naar de uitgang, roept in het voorbijgaan nog even: 'Hee! Hallo!' Het kind trekt intussen laden en deuren open, en moeder peinst er niet over haar kind te straffen voor diens ongehoorzaamheid, tevreden dat haar aanbedene vrijuit keukens ervaart.

In de supermarkt. Moeder is aan het afrekenen, haar kind ontdekt de plastic draagtassen van een dubbeltje die bij de kassa hangen. Het kind pakt een tas. Geen reactie van mams. Kind brengt moeder de plastic tas en zegt: 'Kijk mama, ik heb een tas voor je.'
Moeder verklaart: 'Dat mag niet.' Het kind negeert de moeder, de moeder negeert het kind. Terwijl moeder haar boodschappen inpakt, biedt het kind haar opnieuw de plastic tas aan. Moeder: 'Dat mag niet. Dat kost centjes! Daarom heeft mama haar eigen tas meegebracht.' Kind negeert de moeder en houdt de tas stevig beet. Moeder suggereert haar dat zij de tas niet kan houden. Het kind gaat huilen en laat de verfrommelde tas op de grond vallen. De moeder en het schreeuwende kind lopen weg. Tas blijft

op de grond. Geen van beiden doet een poging die terug te hangen.

ATTRIBUTEN

Tijdens de vertroetelperiode worden het kind op strategische wijze trainingsmiddelen toegespeeld. Het eerste, een bal, wordt overhandigd nog voordat de kunst van het lopen wordt beheerst. Het tweede, een fiets, komt vlak daarna – rond hun derde jaar kunnen de meeste mini-cloggies al vaardig een tweewieler berijden. Vervolgens komt moeder met het mooiste cadeau (zowel voor haarzelf als voor het kind): de kleuterspeelzaal. Op elk moment tussen dertig maanden en vijf jaar kan het zover zijn. In diezelfde periode krijgen de kinderen ook hun eerste paar schaatsen uitgereikt, dat ieder jaar wordt vervangen.

In de daarop volgende schooljaren neemt hun wereldbeeld vorm aan. Ouders zijn vrij in de keus van de school voor hun kroost. Er kan gekozen worden voor traditioneel, voor filosofisch of religieus onderwijs. Tegenwoordig maakt het traditionele onderwijs de kinderen vooral 'maatschappelijk weerbaar'. Onderwijs gebaseerd op filosofie is er voor de progressieve ouders en wortelt in de drang tot vrije zelfexpressie (met alle te verwachten resultaten). Het christelijk onderwijs stelt ouders in staat hun kinderen uit de buurt te houden van Turken, Marokkanen, enzovoort (die islamitisch onderwijs volgen), zonder voor racist te worden aangezien.*

Wanneer het dagonderwijs er op zit, zijn de Hollanders degelijk voorbereid op werk of uitkering; zie hoofdstuk 9. Het vertroetelen door de ouders neemt af. Immers, de schoolverlaters beheersen hun babyrol inmiddels tot in de puntjes.

* (Noot van de vertaler: zelf vernamen wij al eens uit het veld dat moslimse allochtonen in geval van ontbrekend islamitisch onderwijs juist de christelijke school prefereren boven de openbare. Beter iets dan niets geloven.)

NEERLANDS HOOP

Over twintig jaar zullen de hedendaagse vrijgevochten hordes, met hun bovenmenselijke kwaliteiten, de ruggegraat van het land vormen. Zij zullen de steunpilaren zijn van industrie, bankwezen en politiek. Hollandse kinderen, dat onzalig gebroed van overgeëmancipeerde moeders en te gul subsidiërende vaders, zullen dan het land regeren en beheersen. Zij staan aan het roer. *A classic case of Dutch Helm Disease*!**

** (Noot van de vertaler: zorgvuldig werkt het origineel naar deze woordspeling toe. Helm = roer. Dutch Elm Disease = iepziekte.)

Hoofdstuk 7
De bioscoop

De bioscoopfilm is populair onder Hollanders. Hij sluit prachtig aan bij het syndroom van cultuurhonger en individuele expressie dat iedere zichzelf respecterende Hollander bij de geboorte opdoet. Helaas, hun ingeboren neiging tot te hoge eigendunk en te weinig respect voor derden leidt in de bioscoop tot het totaal verloederen van iedere vorm van medeleven. Als u in Holland een bioscoopfilm zou willen zien en horen, wacht dan tot de videoversie uitkomt. Maar als u een voorafje wilt krijgen van de ondergang van de beschaving (zoals wij die kennen), dan is een Hollandse bioscoop ideaal voor u.

GEDRAG

Voorschrift nummer één is dat u dient te giechelen, kleppen, boeren en zoveel mogelijk met uw snoeppapiertjes dient te kraken, om er zeker van te zijn dat niemand de film kan volgen. Als iemands aanwezigheid u stoort, bestook die persoon dan met uw lege flesjes en ander afval, onderwijl luide en beledigende opmerkingen makend.

Als de zaal niet helemaal vol is, kies dan een zitplaats recht voor andermans neus en zit zo rechtop mogelijk (bij voorkeur met een flinke hoed op) om het uitzicht maximaal te belemmeren. Nog beter: blijf continu verzitten.

Doe uw uiterste best om te laat te komen, zodat u zoveel mogelijk aanwezigen ongemak kunt bezorgen door hun blikveld te verduisteren en op hun tenen te stappen terwijl u naar een plaatsje zoekt. Heeft u een gedeelte van de film gemist, wendt u tot degene naast u en vraag die (hardop) om precies uit te leggen wat er gebeurd is.

PAUZE

De pauze geeft het bioscooppubliek even rust. Neem

deel aan de stormloop op de buffetten, voor de verplichte koffie (waarmee de relatief beschaafden hun kelen smeren), de frisdrank of het bier (waarmee de absoluut onbeschaafden hun strot masseren), of om de voorraad projectielen aan te vullen met nieuwe snoeppapiertjes enzovoort. De middelste rijen zullen in de pauze op hun plaats blijven zitten en zich opmaken voor een persoonlijke revanche. Aan het eind van de pauze laten de rokers terloops hun gloeiende peuken vallen in de overvolle prullenbakken, en alle personen boven de een meter zeventig dienen hun terugkeer uit te stellen tot de film weer begonnen is. Peins er niet over een gesprek voortijdig af te breken vanwege de film.

ONDERTITELING

Wat betreft ondertiteling: Hollanders nemen vooral het woord 'onder' (van 'onder de maat') ter harte, en blinken uit op hun gebruikelijke wijze.

Buitenlandse films worden vertoond in de originele taal, met Nederlandse ondertitels. Veel films komen uit Engeland of Amerika. Wie Engels als moedertaal heeft, kan denken dat het vergelijken van wat hij hoort met wat eronder geschreven staat bevorderlijk zou zijn voor de kennis van het Nederlands. Hij vergist zich. De volgende regels zijn van toepassing:

– Maak stompzinnige fouten, dus zesennegentig als negenenzestig vertalen, of 1959 als 1995.

– Wanneer er humor vertaald moet worden, ontneem het publiek iedere kans om de grap te begrijpen.

– Laat het vertalen achterwege van woorden die er geschreven hetzelfde uitzien maar een verschillende betekenis hebben, zodat uitspraken als 'Oscar Wilde Met Lord Alfred' ongewijzigd worden weergegeven.*

* (Noot van de vertaler: Het voorbeeld van verwarring dat de schrijvers hier zelf geven is gift = poison in het Nederlands maar Gift = Present in het Engels. Niet het elegantste. Zie verder Battus, *Opperlandse Taal- en Letterkunde* en bladzijde 105 van dit boek.)

Hoofdstuk 8
Poen (De gulden zede)

Hoe organiseer je in Nederland een volkstelling? Laat een dubbeltje door de straat rollen.

Een gezegde luidt: '... veel wijze woorden beginnen als grap,' en hier leest u hoe waar dat is.

De Nederlandse munteenheid is de gulden, belachelijk afgekort tot Hfl of *f*. Grotere bedragen (vanaf vijf gulden) zijn idioot vormgegeven papiertjes, bedrukt in even idiote kleuren. Kleine bedragen zijn munten, met als kleinste het tien-centstuk (dubbeltje), dat ongeveer het formaat heeft van een overhemdknoop. Grootste munt is het tweeëneenhalve-guldenstuk (rijksdaalder). Het is niet het geld zelf dat het betoog in dit hoofdstuk provoceerde, maar de manier waarop het door de Hollandse bezitters aanbeden wordt.

KOOPJESJACHT

Hollanders slaan graag hun tijd stuk met kriskras winkelen, om hun voordeel te doen met aanbiedingen en koopjes. Ze trekken rustig twee uur extra uit om vijf cent op een blik bonen te kunnen besparen. Sommigen besteden zelfs meer aan vervoer dan zij met hun koopje verdienen.

Bij het kleren kopen grazen ze alle rekken af, panisch op zoek naar een enigszins vuil of beschadigd artikel. Want zoiets geeft ze het recht om een korting te eisen. Vinden ze iets dergelijks, dan zullen ze het kopen, of het nu past of niet. Het ding kan altijd bewaard worden voor een verjaardag of tot de kinderen er groot genoeg voor zijn, of in reserve worden gehouden voor plotseling aankomen of afvallen.

In het grootste deel van Europa start de winteruitverkoop begin januari. In Holland pas eind januari. Dat voorkomt dat de Hollanders er toe worden verleid om Sinterklaas begin januari te vieren, om zo een paar guldens in hun zak te kunnen houden. Winteruitverkoop is in veel landen een gewelddadige gebeurtenis. De Hollandse versie is ronduit levensgevaarlijk.

Het hele jaar door zijn er aanbiedingen in overvloed: 'uitverkopen', 'acties' en 'aanbiedingen', 'reclame' (geadverteerde prijsaanbieding, niet te verwarren met reclameren = landwinnen, dan wel protesteren). Maar niets maakt zoveel los als de aankondiging 'Alles moet weg!'

Bij 'kortingen' geldt een doolhof van ingewikkelde en verwarrende regels. Een buitenlander zou het equivalent van een academische graad nodig hebben om het systeem in zijn voordeel te laten werken.

Hollanders schijnen met dat vermogen geboren te worden. Om de omvang van het probleem te schetsen: niet minder dan negentien verschillende soorten van korting stonden beschreven in het spoorboekje van 1985-1986.

OPENLUCHTMARKTEN

Ieder dorp, iedere stad in Holland heeft een menigte markten. Soms voor één of meer dagen, soms bijna continu. Regelmatig bezoek is voor iedere zich serieus nemende cloggie verplicht. Toeristen gaan er naar toe:

- Om hun portemonnee te laten rollen (tenzij dat al in de tram gebeurd is).
- Om gewone Hollanders te zien lopen op hun beroemde houten schoeisel (klompen).
- Om drugs te kopen, gestolen goederen, goedkoop nep-antiek, en andere dubieuze handel.
- Om de lucht op te snuiven van rotte vis, weekgeworden groente en straatvuil.
- Om bekneld te raken in een eindeloze stoet inheemsen die zich met een slakkegang voortbeweegt.

De lokale bewoners maken voor de markt een uitzondering op hun schraperige inkoopbeleid. Ze zijn zelfs (tot op zekere hoogte) bereid iets meer te betalen als ze winkelen bij hun favoriete kraampje op hun favoriete markt. Die bedevaart wordt afgerond met een oeverloos verslag van hun ervaringen aan vrienden, buren, enzovoort. Dat is tevens de enige gelegenheid waarbij ze afzien van snieren en jammeren over prijzen.

TWEEDEHANDS HANDEL

Wanneer u adverteert met tweedehands goederen, reken dan op aanzienlijke tijdverspilling door allerlei langdurige telefoongesprekken. Uitgebreid wordt navraag gedaan naar ieder denkbaar detail van de te koop aangeboden waar. Zelfs als het al verkocht is, zullen de bellers alle details willen vernemen, om uit te vinden of ze een goede koop hebben gemist.

De vraagprijs te krijgen is een hele kunst. Wij bieden u de volgende richtlijnen:

– Breng ze uit balans, sla toe voor zij het doen. Al bij het betreden van uw woning maakt de verhoopte koper een snelle inventaris op, op zoek naar een gespreksonderwerp dat in zijn kraam te pas komt. Het gesprek dat vervolgens ontstaat moet u rijp maken voor de 'zoveel kan ik niet betalen' – toespraak.

– Toon karakter. Neem het onverbiddelijke standpunt in dat de vraagprijs de enige juiste prijs is. Negeer het argument dat hetzelfde ding voor minder te koop is op de plaatselijke markt. Want als dat waar was, zou de belangstellende koper geen cent verspild hebben aan bellen en langskomen.

– Wisselstrategieën. Iedere echte cloggie zal zijn geld tactisch over het lichaam hebben verspreid. Stel dat de vraagprijs veertig gulden was, dan verloopt een geslaagde transactie als volgt: Eén broekzak of lichaamsholte bevat dertig gulden, een andere tien en een derde honderd gulden of meer.

Nadat de prijs is overeengekomen (veertig gulden), haalt de koper drie tientjes te voorschijn, graait wat rond, en ontdekt het biljet van honderd, maar neemt aan dat u daarvoor geen wisselgeld hebt. Dit lijkt het beslissende moment te worden. Gaat de koop niet door als u de vaste prijs handhaaft, of bluft u mee?

U bluft mee. Na nog wat graaien, vol tegenzin, komt er een verfrommeld tientje voor de dag. U bent blij de volle prijs te vangen. De koper is tevreden dat hij u flink heeft laten zweten voor uw geld.

TANKEN VOOR HANDDOEKEN

Wanneer Hollanders benzine kopen, gooien ze de tank niet vol: ze kopen veelvouden van vijf liter. Voor iedere aangeschafte vijf liter krijg je spaarzegels (*saving stamps*). Het zomaar volgieten van de tank kan, over een paar maanden gezien, een verlies opleveren van twee of drie zegels. Een volle spaarkaart (met ongeveer veertig zegels) kan ingeruild worden voor de tegenwaarde van 3,33 liter benzine. Of, naar keus, voor een exclusief (lees: zinloos) geschenk.

BOETES

Van bekeuringen hebben keurige mensen geen last. Holland kent een verfijnd systeem van boetes voor kleine misdrijven, variërend van fout parkeren tot illegale grensoverschrijding. Wanneer u op Schiphol ziet dat aankomende reizigers bij de douane worden ondervraagd door de politie, vermoedt u waarschijnlijk dat er drugs in het spel zijn. Fout. Een grote kans dat ze tijdens hun vorig verblijf vergeten zijn een parkeerbon te voldoen.

Betaal uw parkeerbonnen als u ooit nog eens naar Holland terug wilt! Wanneer u dat niet doet en later het land weer in probeert te komen, loopt u een groot risico om aan de grens door de politie te worden vastgezet. Zij zullen eisen dat u de boete voldoet, zelfs al is die van jaren her, plus een extra boete.

Hetzelfde gebeurt wanneer u per ongeluk uw laatste reinigingsheffing niet betaalt of wanneer u in het buitenland was terwijl uw verblijfsvergunning verliep. Bij poging tot terugkeer zult u waarschijnlijk afgevoerd worden naar de 'uitleg-ruimte'. De betalingen achteraf zijn voor de overheid een excuus voor de inzet van hightech spullen als computers, multi-kanaal versterkte, breedbandige mobilofoons, enzovoort.

BANKEN

De banken werken over het algemeen efficiënt en professioneel. Hoe kan het ook anders, we zijn in Holland. Persoonlijke ervaring leert dat afschrijvingen binnen een dag geregeld zijn, maar dat bijschrijvingen pas na zeven dagen binnenkomen.
Vanwege het Hollandse talent voor Ordelijke Rijvorming delen bankfilialen nummertjes uit zodra er in totaal één of meer klanten aanwezig zijn. Bijkomend voordeel is dat de bank daarmee ontsnapt aan ieder mogelijk verwijt van nalatigheid, seksisme, fascisme en racisme.

Loketpersoneel staat het vrij om zo onbehulpzaam mogelijk te zijn.

'Mag ik een overschrijvingsformulier?'
'Nee.'
'Waarom niet?'
'Wij verstrekken geen blanco overschrijvingsformulieren meer.'
(Juist. Vanaf dit moment besluit u het spel volgens hún regels te spelen!)
'Als u de gegevens er nu vast optypt, en mij vervolgens het formulier meegeeft?'
'Ja hoor, dat kan.'

In één opzicht is het bankpersoneel wel zeer behulpzaam: ze verstrekken vrolijk allerlei privé-gegevens (zoals uw huidige banksaldo) aan eenieder binnen gehoorsafstand. Ook hier zegeviert de befaamde Hollandse Openheid.

SPORT, SPEL EN KNIKKERS

Hollanders zijn dol op sportieve activiteiten, zolang de kosten maar niet te hoog zijn.

Op skivakantie zullen ze na de allereerste les heuvels per se zigzaggend willen afdalen. Ze hebben moeten betalen voor het vervoer omhoog en willen dus het uiterste uit de afdaling halen.

Bij het vissen gebruiken ze angstvallig twee hengels: hun visvergunning staat maximaal twee hengels toe. Met min-

der vissen is zonde van het geld: de rentabiliteit van de investering zou worden aangetast.

De wet van de Zielkundige Compensatie voorspelt al dat Hollanders dol zijn op bergbeklimmen. Bij gebrek aan natuurlijke mogelijkheden daartoe behelpen ze zich met het bestijgen van kunstmatige barrières, zoals de zijmuren van een voetgangerstunnel bij het Amsterdamse Amstel Station. Dat is gratis, omdat de muren voor een ander doel zijn aangelegd. Ze vormen nu een prima trainingsfaciliteit, want zoals iedereen weet heeft twintigste-eeuw architectuur veel gemeen met de sneeuwbedekte toppen van Alpen en Himalaya.

Voetbal is de nationale sport. Zonder waarschuwing vervallen t.v.-programma's om plaats te maken voor wedstrijden. Wanneer hun team de cup wint, wordt de hele stad dronken. Als hun team verliest, wordt de hele stad dronken.

Schaatsen is een andere razend populaire sport, wat vooral komt doordat iedereen gratis mag schaatsen op de talloze vaarten, sloten en andere waterwegen.

Personal Computers zijn in de hele westerse wereld een amusementsrage. Na jaren van – typerend – verzet (zie Hoofdstuk 3) gaven de Hollanders zich uiteindelijk aan dit genot over. Elektronische bibliotheken, de zogeheten Bulletin Boards, verbinden via de telefoon fanatieke gebruikers uit heel Noord-Amerika en West-Europa (en elders) met lokale bibliotheken, die Nodes heten. Een van de populairste netwerken is 'FidoNet', en dat vermeldde op haar overzicht van november 1987:

Italië (54,5 miljoen inw.) – 26 Nodes
West-Duitsland (60 miljoen inw.) – 26 Nodes
Groot-Brittannië (55,5miljoen inw.) – 67 Nodes
Nederland (14,4 miljoen inw.) – 104 Nodes

De reden voor dit overweldigend succes van de computersport in Nederland is misschien dat je via Bulletin Boards kunt komen aan programma's, spelletjes, informatie, en dat alles geheel gratis. Iets wat de Hollandse massa van computerverslaafden aanspreekt tot in het diepst van haar ziel.

IN TIJDEN VAN ROUW

De meest onsmakelijke kant van de Hollandse *Guilder-Builder*-mentaliteit toont zich wanneer het noodlot toeslaat. Juist bij Hollandse begrafenissen treedt een meedogenloze geldzucht aan het licht. De diepbedroefde echtgenoot of ouder moet zeer beducht zijn voor op woekerwinst beluste begrafenisondernemers. Mocht u ooit in zo'n droeve situatie belanden, roep de hulp van een cloggie in. Hij of zij zal u behoeden voor:

– peperduur bloemsierwerk (een normaal, goedkoop bosje bloemen kost opeens twee, drie keer zoveel wanneer het om een begrafenis gaat);

– peperdure koffie (terwijl u alleen denkt aan het respectvol en liefdevol afscheid nemen van een geliefde, gaat uw assistent een discussie aan met de begrafenisondernemer over zijn vraagprijs per persoon van koffie en cake, in vergelijking met het dichtstbijzijnde café);

– onzinnige extra uitgaven voor ingeblikte muziek, in geval u vermoedt dat daar toch niemand naar luistert.

Na afloop verzamelt de hele stoet zich in de woning van een naaste verwant om een nietsontziend en dronken gevecht aan te gaan over de verdeling van de buit.

Hoofdstuk 9
Uitkering (De Hollandse Arbeidsmoraal)

'Wij vinden dat je mensen een basisloon moet geven, en hen moet laten kiezen of ze willen werken of niet.'

Gerrit Jan Wolffensperger, jarenlang Amsterdams gemeenteraadslid.

Wanneer u er in de Nederlandse maatschappij echt bij wilt horen, heeft u op z'n minst één type uitkering nodig.*

Het vragen om geldelijke steun en daar de vruchten van plukken, is geen publieke schande – het is een recht.

In 1986 leefde een kwart van de Amsterdamse bevolking van een uitkering. De ambtenaren wier taak in dit leven het is u een uitkering toe te wijzen, bieden alle benodigde hulp en steun en laten u desnoods uw aanvraag opnieuw invullen om aan een maximaal bedrag te komen. Als het antwoord JA leidde tot afwijzing, kruis dan NEE aan, zo zal de sociaalwerker u aanraden.

HET SYSTEEM

Om aan een uitkering te komen hoef je in wezen maar één ding te doen: bereid zijn om keer op keer frustrerende en lange uren door te brengen in een trieste, ongeventileerde wachtkamer. De voordelen van het uitkeringensysteem zijn:

– Het doodt iedere werklust. Voor de Hollandse jeugd een uitstekende training.

– Het geeft de Nederlandse overheid een excuus voor zo'n beetje de hoogste belastingtarieven ter wereld.

* (Noot van de vertaler: de schrijvers vermelden dat 'uitkering' uitgesproken dient te worden als *out-caring*.)

– Het trekt duizenden buitenlanders aan, vooral Turken en Marokkanen (zodat de Hollanders kunnen bewijzen dat ze niet discrimineren).

– Het zorgt ervoor dat wie toch wil werken dat zwart zal doen, als aanvulling op de uitkering.

– Het moedigt velen aan om buitenslands te gaan wonen, met behoud van uitkering, op kosten van de belastingbetaler.

Hoewel het Hollandse systeem van sociale voorzieningen een van de meest omvattende ter wereld is, de gezondheidszorg van grote klasse is en het land geen echte armoede kent, zijn de inheemsen nog immer ontevreden: ze willen meer. En alles gratis. Veel vrouwen, jongeren en buitenlanders scharen zich achter het motto 'Bijstand Mis$tand'.

Anderen nemen dat motto over om aan te geven dat ze tegen het sociale systeem zijn dat mensen afhankelijk maakt en daardoor leidt tot 'kapitalistiese onderdrukking'. De kern van de zaak is dat de Nederlanders het onderling niet eens kunnen worden over de betekenis van deze slogan.

ZIN IN HET WERK

Ondanks de lokroep van de meer dan behoorlijke werkeloosheidsuitkering zijn er mensen die willen werken. De bedoeling is om drie maanden lang een goede indruk op de werkgever te maken, waarna het voor hem praktisch onmogelijk wordt jou te ontslaan. Zie verderop.

Tijdens de proefperiode zal het frustrerende gebrek aan inzet bij je collega's je zeker tegen gaan staan. Maar zodra jouw proefperiode achter de rug is, neemt het werkende bestaan een nieuwe wending. Je hoort erbij. Je kan je nu gaan concentreren op de sociale kanten van het werk. Werk wordt een onderbreking van de koffiepauzes. Een discussie van twee uur over het nut van een opdracht van de baas krijgt voorrang boven de vijf minuten die het uitvoeren van die opdracht zou kosten. De verjaardag van een collega heeft topprioriteit: een prachtig excuus voor het houden van een collecte, het kopen van feestelijke versierselen en het organiseren van de onontkoombare 'surprise' party. Jouw taak als jarige is te zorgen voor eetbaar lekkers. Het feest vindt, uiteraard, plaats in de baas z'n tijd. Probeert u zich nu eens voor te stellen wat bijvoorbeeld de Olympische Spelen in Nederland teweegbrengen.

Op tijd komen is in Nederland geen gewetenszaak meer. En de oude volkswijsheid 'Zoals het klokje thuis tikt, tikt het nergens' heeft een heel nieuwe betekenis gekregen.

ONTSLAG: MISLUKKING OF SUCCES?

Een werkgever hoort jou, in geval van wangedrag, een 'redelijk aantal' mondelinge waarschuwingen te geven – hoeveel precies is niet vastgelegd. Dan moeten er drie waarschuwingen op schrift volgen, bij verschillende gelegenheden. Die gelden alleen als jij – de beklaagde – hun ontvangst schriftelijk bevestigt. Zonder die bevestiging van jouw kant gaat de zaak naar een commissie.

Ondertekend door jou wordt het dossier voorgelegd aan het plaatselijke arbeidsbureau, met het oog op jouw mogelijk ontslag. Het woord 'mogelijk' is hier zeer op zijn plaats. Want mochten de autoriteiten jouw ontslag goedkeuren, dan kom je automatisch in aanmerking voor een uitkering. Een werkeloosheidsuitkering is standaard zeventig procent van je laatstgenoten salaris, betaald door diezelfde autoriteiten. Gezien de Hollandse schraapzucht ligt het dus voor de hand dat de autoriteiten liever geen ontslag toestaan. Kortom, het is voor u in Holland prettig werken!

SUBSIDIES

Ruimhartige subsidies van allerlei soort zijn beschikbaar. De meest alledaagse is de huursubsidie. Gemeengoed zijn ook studiebeurzen en werkbeurzen, die zich ook tot de kunsten uitstrekken. Vaak worden kandidaat-kunstenaars financieel gestimuleerd doordat het Rijk een van hun werken aanschaft. Die werken worden opgehangen in openbare gebouwen, zodat alle gewone belastingbetalers kunnen meegenieten. In 1973 kreeg een psychiater, die beweerde dat hij een kunstwerk was, subsidie om zichzelf in een museum op een voetstuk te zetten. We hopen maar dat hij tevens in diverse openbare gebouwen is opgehangen.

Iemands leven speelt zich in hoofdzaak af rond het aantal en soort subsidies dat hij ontvangt. Uitkeringstrekkers wegen zorgvuldig de financiële gevolgen af van het accepteren van een volledige of part-time baan. Want werken verlaagt of beëindigt hun uitkeringen en subsidies.

VAKANTIEGELD

Ieder door het sociale systeem erkend individu, met of zonder baan, bankdirecteur of straatveger, heeft recht op vijfentwintig vakantiedagen per jaar.* Dat mag wat al te genereus lijken, maar bedenk dat een groot deel van het vakantiegeld door het jaar heen op het loon wordt ingehouden en voor de vakantie, samen met een bijdrage van de baas, wordt uitbetaald, nadat de belasting eroverheen is gegaan. Ze staan de zuinige Hollanders dus vier weken vakantie toe, maar betalen maar de helft – een klassiek voorbeeld van *Going Dutch* (zie ook de lijst met uitdrukkingen op bladzijde 105). En weer zijn het de uitkeringstrekkers die winnen, want zij krijgen boven op hun maandgeld vakantiegeld voor wèl vier weken per jaar.

Ziekteverlof is weer een andere manier om aan een maximale uitkering te komen. Wanneer je je ziek meldt, komen ongeveer eens per week controleurs langs om te kijken of je inderdaad thuis bent en echt ziek. Maar die bezoeken zijn alleen toegestaan op vaste uren (maandag tot en met vrijdag, 's morgens tot tien uur en 's middags tussen twaalf uur en half drie), tijdens de eerste drie weken van de ziekte. Dat geeft de ernstig zieke net genoeg speelruimte om de eerste levensbehoeften in te kopen, zoals bloemen en koffie, zonder dat de uitkering bedreigd wordt.

* (Noot van de vertaler: in de USA zijn tien vakantiedagen per jaar, kerst enzovoort inbegrepen, zeer normaal. Europa doen in tien dagen is dan ook geen geestesziekte, maar een bittere noodzaak voor de meeste werkende Amerikanen.)

Hoofdstuk 10
Met wie? (Identificeren en telefoneren)

OFFICIËLE DOCUMENTEN

Als u langer dan een paar dagen in Holland blijft, zal u ongetwijfeld de verbijsterende Hollandse obsessie met parafen opvallen: het woord paraaf duikt op ieder Hollands document op. Een Hollandse paraaf (tekenen met initialen) bestaat uit een of meer grove, onleesbare krabbels, die er vooral voor moeten zorgen dat alleen de ondertekenaar weet wie er ondertekend heeft. De volledige handtekening is even raadselachtig als de initialen en neemt alleen meer ruimte in. Of nu paraaf of handtekening gezet wordt, het gedurfd neerkalken van een wilde krabbel toont honderd procent zeker aan dat iemand Hollander is. Even belangrijk op sommige documenten is het stempel. Terwijl sommige stukken alleen een paraaf behoeven, vereisen andere paraaf plus handtekening en nog weer andere een stempel. Ook combinaties van stempel en paraaf, of van stempel en handtekening zijn populair.

DATUM EN PLAATS

Bij de overige onmisbare ingrediënten van een officieel Hollands document vinden wij datum en plaats, hoewel die plaats eenvoudig vals kan worden opgegeven, en er sowieso niet toe doet.

I.D.-OLOGIE (OVER LEGITIMATIE)

Wanneer Hollanders tegen u blaffen: 'Legitimatie', zijn ze voor één keer niet onbeleefd: ze wroeten niet in uw familiegeschiedenis of afstamming. De kreet is onschuldig en betekent 'identificeer uzelf'.*

* (Noot van de vertaler: Een *illegitimate child* is een bastaard. 'Legitimatie!' klinkt voor een Amerikaan ongeveer als: 'Bewijs dat u een echt kind bent!')

Voor het krijgen van een Hollandse verblijfskaart, verstrekt aan buitenlanders die legaal in het land verblijven, zijn een waterdichte legitimatie en omstandige uitleg nodig. Toch geldt zo'n kaart bij andere gelegenheden niet als legitimatie, ook niet bij het postkantoor, hoewel jouw naam erop staat, geboortedatum, foto, handtekening, nationaliteit, geboorteplaats, vreemdelingennummer, dit alles bevestigd door twee stempels en een officiële handtekening van een bevoegd medewerker der vreemdelingenpolitie.* Er is op de kaart ruimte over voor 'aantekeningen', en iedere aantekening krijgt een dagtekening, stempel en paraaf van een politieman.

DE KENNISMAKING

Wanneer u een Hollands persoon voor het eerst ontmoet, wordt door beide partijen een onverstaanbare naam gemummeld. Internationaal geteste openers als 'How do you do', 'Pleased to meet you' enzovoort worden niet gebruikt. Vertoon bij het kennismaken een lege blik. Vermijd oogcontact.

Manueel contact, 'handen geven' genoemd**, bestaat uit een nerveus, vochtig en slap kneden (zie hoofdstuk 14). De gezichtsuitdrukking daarbij verraadt verveling en onverschilligheid.

TELEFOONMANIEREN

Als je in Holland de telefoon aanneemt, behoor je iedere keer je naam te zeggen. Doe je dat niet, dan zal de andere kant ofwel stilvallen, of willen weten wie jij bent alvorens hij (m/v) iets zal zeggen. Het schijnt voor cloggies onmogelijk te zijn enig telefoongesprek te voeren zonder jouw naam te weten.

* (Noot van de vertaler: zo kun je ook mede dankzij de pincode in het postkantoor honderden guldens opnemen, maar een aangetekend briefje ter waarde van *f* 0,— krijgen in ruil voor diezelfde pincode is er niet bij.)

** (Noot van de vertaler: 'Give me a hand' betekent in het Anglo-Amerikaans: 'Help me even'.)

'Kan ik meneer van Doorn spreken?'
'Hoe is uw naam?'
'John Smith.'
(botweg) 'De centrale is gesloten. Bel later maar terug.'
'Kan ik mijn naam achterlaten of een boodschap?'
'Nee.'

Veel Hollanders lijden aan telefoonfobie. De symptomen daarvan zijn angst en extreme nervositeit bij het behandelen van zowel inkomende als uitgaande telefoontjes. De Hollanders zelf hebben geen verklaring voor hun telefoonvrees, maar geven toe dat het niet ongebruikelijk is dat zwakkeren van gestel bij het rinkelen van de telefoon een hartaanval krijgen.

Een van de oorzaken van die telefoonvrees is misschien de angstige zekerheid, diep in het onderbewuste, van wat er gebeurt zodra je een bedrijf of overheidsinstelling belt. Wie daar informatie probeert los te krijgen, wordt steevast naar een ander nummer verwezen. Na vier of vijf frustrerende telefoontjes, en het steeds weer uitleggen wie je bent en wat je wilt, heb je misschien het geluk bij de goede afdeling te belanden. Als je niet weet welk toestel en welke afdeling je moet hebben, ben je genoodzaakt uitvoerig aan de telefoniste uit te leggen waarom je belt en waarom je juist hen belt. Wanneer je bij het belangrijkste gedeelte van je uitleg bent aangekomen, zal de telefoniste, die absoluut niet snapt waar je het in godsnaam over hebt:

– ophangen, of
– je doorverbinden met een (naar het lijkt) willekeurig geprikt toestel. Als daar wordt opgenomen, dien je je hele verhaal opnieuw te doen, en nog eens, en nog eens...

Wanneer u de politie belt, reken op een lange wachttijd voor er iemand opneemt. Bied de inbreker of moordenaar in uw huis een kopje koffie aan om hem kalm te houden, terwijl u wacht tot de politie eindelijk de hoorn van de haak zal pakken.

Om het brede publiek over haar telefoonvrees heen te helpen, staan overal in het land op goed bereikbare plaatsen luxe telefooncellen. Deze bouwsels zijn niet zozeer opgericht voor het plegen van telefoontjes, maar voor het therapeutisch beoefenen van vandalisme voor gevorderden. Overdag mag bijvoorbeeld de telefoongids vernietigd worden en vervangen door graffiti, binnen en buiten, van de vloer tot aan het plafond. Wanneer de duisternis intreedt, en iedereen genoeg tijd heeft gehad om de graffiti te lezen, mogen alle breekbare onderdelen, zoals het glas en het telefoontoestel, te lijf worden gegaan. In het weekend mag de cel worden platgebrand.

Hoofdstuk 11
De Nationale Hartstocht

'Dit is een zelfregulerende maatschappij: hij wordt niet bestuurd met bevelen van boven af. We laten de mensen zoveel mogelijk zichzelf zijn. Sommigen noemen dat anarchie: wij noemen dat beschaving.'

Klaas de Vries, socialistisch lid van de Tweede Kamer.

'De Hollandse hang naar originaliteit leidt vaak tot de grootst mogelijke nonsens...'

Han Lammers, Commissaris van de Koningin van Flevoland, 1987.

De Hollanders mogen zich graag inzetten voor de goede zaak. Ze tonen hun gedrevenheid met demonstraties, rellen, debatten en met de onvermijdelijke geldinzamelingen. De gemeenschappelijke noemer van dit alles: protest.

Wanneer het ego van onze zachtmoedige pacifisten gekwetst wordt, of als iets ze niet bevalt, schakelen ze instinctief over op agressie in woord en gebaar. En ze krijgen hun zin. Vaker dan in enig ander land. Maar het is nooit genoeg. Er is altijd méér om over te jeremiëren. Die nimmer eindigende cyclus van confrontatie en afgedwongen verandering heeft geleid tot het kortwieken van de rijken en machtigen. Als gevolg daarvan is het klassenonderscheid zeer gering. De filosofie achter dit alles zou kunnen zijn:

– Wij haten iedereen die ons vertelt wat te doen.

– Zet een grote bek op! (Dikwijls worden politici en gewapende wetsdienaren verlamd door de gedachte dat 'het publiek zoiets niet zou pikken'.)

– Trek je nergens iets van aan.

Zelfs in afgelegen gebieden, waar de zeden onwrikbaar zijn en de regels streng, worden de voorschriften soms getrotseerd. In Staphorst, waar een taboe rust op inenting, lieten tijdens een polio-epidemie in 1971 de meeste ouders hun kinderen toch inenten.

De favoriete manier van zelfexpressie is het slaken van (quasi-) diepzinnige strijdkreten. Die nemen vaak de vorm aan van meelijwekkend onsubtiele lyriek, zoals 'Geen woning, geen kroning' (ter gelegenheid van de kroning van koningin Beatrix in 1980), of 'Wonen, niet Spelen', toen Amsterdam kandidaat stond voor de Olympische Spelen van 1992.

Op diverse manieren wordt dit soort slogans aan de man gebracht:

– Graffiti. Graffiti is een middel om de boodschap onder het volk te brengen, en wordt overvloedig aangetroffen op plaatsen waar menigtes zich verzamelen: stations, kerkmuren en telefooncellen zijn populaire uithangborden.

– Spandoeken. Meestal van oude beddelakens, beschreven met verf, hangend uit de ramen of aan de dakrand van het hoofdkwartier (dan wel de woning) van de demonstranten, op de dag van het protest. Het spandoek blijft daarna hangen en rot langzaam weg, als symbool van vrijheid en als geheugensteun voor niet-geïnteresseerden.

– Promotionele T-shirts. Daarop staan over het algemeen de wat tuttiger mededelingen, zoals voor de Olympische Spelen van 1992 de Engelstalige slogan: *Holland wants the world to win*.

– Buttons. Met daarop de afgesproken strijdkreet voor de goede zaak, het ontwerp met de hand uitgevoerd, vaak ook met een nogal primitieve cartoon of stuntelige logo. Het is niet ongewoon om een borst aan te treffen die integraal is behangen met allerhande activistische buttons, waarmee de trotse drager aangeeft tot de legioenen van het protest te behoren.

– Stickers. Hetzelfde ontwerp als de buttons, maar minder overvloedig aanwezig, wellicht vanwege de relatief hoge produktiekosten.

Aan het eind van de jaren tachtig keerde het tij: sommige

groepen besloten dat 'slogans niet meer werkten'. In plaats daarvan schrijven zij nu jaarlijks een analyserende kritische evaluatie met bijlagen, om indruk te maken op politie en politiek.

KLACHTEN, PROTESTEN, BEZWAREN, ALGEMENE MOBILISATIE

Afwijkende opvattingen worden in Nederland geventileerd via de geaccepteerde weg van Klacht, Protest, Bezwaar en Mobilisatie.

Wanneer Hollanders het ergens niet mee eens zijn is het eerste wat zij doen: klagen. Klaag tegen iedereen die wil luisteren. Mopperen en zeuren horen bij de Hollandse levensstijl.

Nadat willige oren zijn gevonden, volgt stap twee: het protest. Met de steun van de willige oren en bijbehorende monden kan het Protest nu worden overgebracht aan de Kwetsende Partij. Dat gebeurt meestal met behulp van het geschreven woord.

Uitsluitend indien het Protest stuit op overdonderende onverschilligheid komt de vaart er goed in. Want van dat moment af vormen de willige oren en monden een beledigde actiegroep en de strijd gaat nu automatisch over in de fase van Bezwaar. Bezwaar is een fanatiekere vorm van Protest en leidt tot de lancering van verzoekschriften, dreigementen, eisen en verder alles wat het dispuut zou kunnen beslechten. De meer vastberaden Bezwaarden zorgen dat hun zaak ook ruime aandacht krijgt in lokale kranten en gemeentelijke uitgaven.

Een Algemene Mobilisatie drijft de zaak vervolgens op de spits. Ieder denkbaar hulpmiddel wordt nu met uiterste sluwheid ingezet: een verfijnde veldslag tussen intelligente geesten, zowel op schrift als mondeling. (Ter illustratie: toen een Hollandse buurvrouw van ons eens om raad werd gevraagd in een bepaalde kwestie zei ze: 'Je moet gewoon een grote bek opzetten.')

Die vier-stappenmethode wordt nagevolgd op alle niveaus, officieel en informeel, thuis en binnen de bureaucratie. En ook als het om een lastige buurman gaat. De meeste officiële brieven over belastingen en dergelijke, eindigen met de mededeling dat u *het recht hebt om bezwaar aan te tekenen* tegen deze beslissing. Zelfs op het Hollandse belastingformulier staat 'Over enige tijd zult u een antwoord ontvangen op uw bezwaarschrift. Als u het oneens bent met dit antwoord, kunt u in beroep gaan.' Meestal hebt u een of twee maanden om bezwaar aan te tekenen. Afhankelijk van de situatie kunt u uw brief sturen naar het betreffende kantoor, de burgemeester of de koningin.

GOEDE ZAKEN

De hete hangijzers, de protesten en het onophoudelijke gesoebat over 'meningen', dat alles gedijt in naam van de Vrijheid en van het Hollandse Idee Van Democratie. Zodra het achtervoegsel 'vrij...' opduikt bij een zelfstandig naamwoord dat het Kwade moet verbeelden, wordt dat woord heilig en duikt te pas en te onpas op. Zoals 'Kernwapenvrije Gemeente' 'Rookvrij Gebouw' 'Mannenvrij Café', enzovoort.

Hoewel de Hollanders graag doodvallen over een dubbeltje, en alle lompen en etensresten zo lang mogelijk bewaren, zijn ze wel goedgeefs, maar uitsluitend voor wat zij als een goede zaak beschouwen. Die zaak wordt meestal behartigd door een stichting met belastingvrijstelling.

Het 'Fonds tegen Vervolging en Euthanasie van en op Biseksuele Muizen met Eén Been in het Zuiden van West-Zildavenië' zou de Hollanders met trots vervullen over hun wereldwijs mededogen. Zo'n goed doel zou als volkomen gerechtvaardigd ervaren worden omdat het de volgende terreinen bestrijkt (Hollandse lezers, de volgorde van vermelding is alfabetisch, en wijst dus niet op politieke of persoonlijke vooroordelen):

- Flikkeremancipatie
- Gehandicaptenemancipatie
- Knaagdierenrechten
- Multiculturele Beleving
- Pittoreske/ongewone locatie
- Pottenemancipatie
- Tijdgeest (geliefd in de jaren zeventig en tachtig waren

‘Weg met de Yanks’, alles tegen kernenergie, alles vóór euthanasie, enzovoort).

Dit goede doel vraagt om demonstraties, rellen en, het allerbelangrijkste, een inzamelingsactie. En schenkingen zijn aftrekbaar voor de belasting.

De logica achter dit alles werd ooit omschreven in het wervende drukwerk van een Utrechtse actiegroep: ‘*Acties, waarin en waardoor mensen de gelegenheid krijgen om zelf actie te ondernemen.*’

Iedere legale ingezetene van Holland mag een demonstratie houden. Dat is een democratisch recht. Of het aantal sympathisanten nu vijf of vijftigduizend bedraagt, het mag. Demonstraties moeten goed georganiseerd zijn en geschieden in overleg met de gemeente. Elke plaats heeft zijn eigen spelregels. Om precies te zijn: je moet de politie op de hoogte stellen van datum, tijd en vooral ook het doel van de manifestatie, waarna je advies krijgt over wat er veranderd dient te worden. Bijvoorbeeld:

– Datum en tijdstip, aan te passen in geval een al eerder goedgekeurde betoging of publiek evenement uw plannen dwarsboomt.

– De route, die wordt aangepast als er, vanwege de veronderstelde toeloop, straten afgesloten moeten worden voor alle verkeer.

Zodra alles rond is krijgt u uw demonstratievergunning en kunnen de noodzakelijke voorzieningen worden getroffen. Tijdens de demonstratie is de politie wat talrijker aanwezig dan normaal. Word niet boos. Ze zijn in de eerste plaats individuen, en dan pas agenten. Sommigen zullen zelfs uw protestbutton opspelden.

Illegale demonstraties zijn verboden, maar worden wel toegestaan, mits ze netjes verlopen en het verkeer niet ophouden en afhankelijk van het uiterlijk van de demonstranten en de algemene sympathie voor hun goede doel.

HET HOLLANDSE DENKEN

De meest aansprekende Hollandse kwesties worden verheven tot onderdeel van het Hollandse Denken. Het Hollandse Denken is de verzameling van die overtuigingen en vooroordelen waar minimaal tweehonderdvijftig procent van de bevolking het mee eens is. Het beste voorbeeld daarvan is het Recht op Woonruimte. Langdurig geteisterde ouders kijken uit naar het moment waarop hun bijna volwassen kroost het ouderlijk nest verlaat, terwijl de *enfants terribles* zelf nauwelijks kunnen wachten met de plaat poetsen. Maar er zijn geen huizen vrij.

Het Hollandse antwoord op deze situatie is uiteraard het vormen van actiegroepen, bestaande uit de zogenaamde krakers. Deze krakers verzetten zich met hand en tand tegen speculatie met leegstaande gebouwen. Ze vinden dat iedere bruikbare en onbewoonde ruimte met subsidies in woonruimte voor henzelf veranderd dient te worden. Dat is het Hollandse Denken. Krakers veroveren leegstaande ruimtes: kantoren, afzonderlijke etages, winkels, pakhuizen, iedere plek die langer dan een paar dagen leeg staat. De zaak van de krakers bereikte een hoogtepunt in de jaren zeventig. De politie moest het leger te hulp roepen, dat één tank inzette om de massa te verwijderen. De strijd werd pas gestaakt toen de stad toezegde het bezette pand voor de krakers te verbouwen. 'Wij hebben de krakers nu onder controle...' Een huisvestingsambtenaar zette het nog eens op een rijtje, en schatte de verbouwingskosten op een miljoen gulden. 'Een dure manier om een beetje sociale onrust te bestrijden. Maar dat is het Hollandse Denken.'

VROUWENBEWEGING

De vrouwenbeweging is misschien wel het meest extreme voorbeeld van een Nationale Hartstocht die alom en openlijk wordt beleden. En geen wonder. De Hollandse overheid geeft met gulle hand twaalf tot dertien miljoen gulden per jaar aan de feministen voor 'onderzoek'. De moderne Hollandse vrouwen zijn hun genetische karakteristieken dermate toegedaan dat ze het vrouw-zijn verheffen tot het hoogst bereikbare. Zij zijn *Vrouw*. En dan pas mens, werkneempersoon of minima. Vrouwen hebben hun eigen café's, eigen bladen, boeken, kranten, theaters, reisbureaus, vakbond en natuurlijk hun eigen therapeutische centra. Op die manier kunnen Vrouwen, en ze doen dat ook, pressiegroepen vormen die radicale verandering nastreven van maatschappij en wetgeving wat betreft anticonceptie, abortus, scheiding, homoseksualiteit en gelijk-zijn-door-nu-zelf-de-sterkste-te worden.

De identificatie met de vrouwenstrijd is een gestandaardiseerde obsessie van de moderne Hollander. Ieder vrouwen-item kan een kettingreactie ontketenen, met als ultiem doel een demonstratie op Europees niveau tegen iets wat normale mensen als kinderachtig gedram afdoen.

Als bewijs van de ernst van de aandoening vermeldde de Amsterdamse telefoongids onder het kopje 'Vrouwen' in 1987 niet minder dan zevenentwintig instellingen. Van buitenissige argwaan getuigden onder andere:

– Vrouwen Actie Comité voor Vervroegd AOW-pensioen. (*Women's action committee for early old-age pensions*)

– Stichting Aktiekomité Vrouwen in de Bijstand (*Women's welfare action comittee foundation*)

– De vrouwenfietsenmakerij (*Women's Bicycle Repair*)

– Vrouwenklussencollectief de Karweiven (*Women's Odd-Jobs Collective*)

– Internationaal Archief van de Vrouwenbeweging, dat beschikt over vijfenveertigduizend banden, meestal in het Nederlands, met geslachtsgebonden informatie.

Toen wij achtergrondmateriaal voor dit hoofdstuk verzamelden, halverwege 1988, probeerden we in contact te komen met drieëndertig vrouwenorganisaties om uit te vinden wat die precies nastreefden. Van de drieëndertig verzonden enquêteformulieren:

– werden twintig nooit beantwoord;

– kwamen drie ongeopend retour;

– kwamen negen beantwoord terug, met uitleg over hun roeping, inclusief wervend drukwerk en de onvermijdelijke stickers;

– terwijl één aangeschrevene een briefkaart stuurde, en wilde weten '... wie u bent, hoe u aan ons adres komt, waar u Nederlands hebt geleerd en wat u gaat doen met de informatie...'

Tot zover het diepe feministische verlangen om de wereld deelgenoot te maken van heur lijden.

Een typerend voorbeeld van het verwarde gedachtengoed dat we in de ons toegestuurde respons aantroffen, was '.... wij zijn nergens tegen. Wij eisen het recht om te leven zoals in dit land de gewoonte is, en willen niet beschouwd worden als de helft van een stel maar als een individu, en zo willen wij ook behandeld worden...' In Holland is het overigens de gewoonte dat de man werkt en de vrouw thuis bij de kinderen zit.

Ter afsluiting van dit onderwerp een citaat uit een pamflet uitgegeven door het Amsterdamse Migranten Centrum. De tekst is oorspronkelijk (in het) Engels en is hier letterlijk overgenomen:

... And a last example, in which the center did not play a role: Amsterdam house wives became a lot more critical on the quality of vegetables on the market places having noticed how the Surinam, Turkish and Moroccan migrants make their choise. The daily supply of previously unknown vegetables proves the influence of the new cuisines on Dutch cooking.

Schrijf het juiste antwoord op een briefkaart en gooi die zelf weg. Postzegel niet nodig.

DIENSTPLICHT

De dienstplicht in Holland blijft beperkt tot veertien maanden voor alle jonge mannen. Voor sommigen is het ongemak niet groter dan bij een verblijf in een vakantiekamp. De recruten mogen hun haar lang dragen, oorringen en andere herinneringen aan hun late kindertijd zijn toegestaan en ze hebben uitstekende secundaire arbeidsvoorwaarden (vaste werkuren, feestdagen, enzovoort). Zelfs de officieren hebben een CAO. Homo's zijn welkom in

alle rangen, omdat een onderzoek begin jaren zeventig uitwees dat uitsluiting discriminerend was.

Toch blijven de protestgerichte Hollanders de neiging vertonen om kuddegewijs op te komen voor hun recht op vrijheid en individualiteit. Een alternatief voor militaire dienst is tegenwoordig erkenning als gewetensbezwaarde. Een dienstweigeraar krijgt dan werk te doen in de burgermaatschappij, terwijl een totaalweigeraar twee jaar mag wonen in een militaire gevangenis.

Het debat gaat door: er zijn voortdurend discussies over het bekorten van de diensttijd en over vrijstelling op grond van religie, studie, enzovoort.

Vrouwen worden alleen als vrijwilliger in het leger toegelaten en wekken dikwijls de lachlust van het volk op. Waarschijnlijk ageren sommige Vrouwen al voor hun recht op dienstplicht dan wel dienstweigering, om het recht te hebben naar de gevangenis te mogen voor het weigeren van iets dat ze nu niet hoeven.

Hoofdstuk 12
Wetten voor het winkelen

Hollanders zijn toegewijde etalagegluurders en dromen al grasduinend van de ultieme aanbieding. Misschien uit angst voor vasthoudende verkopers door de knieën te gaan, lijden velen aan de bizarre aandoening 'drempelvrees' – ze durven niet naar binnen. Zodra ze zich over de drempel gesleurd hebben, worden ze weer zichzelf. Neem uit zelfbescherming het volgende in acht:

ALGEMEEN

– Voor rokers: zoek voor u de winkel in gaat een afvalbak met droog, brandbaar materiaal en gooi daar uw brandende peuk in.

– Bij het binnengaan: zorg dat de winkeldeur de persoon achter u vol in het gezicht treft. Hoort u een knal of een doffe dreun, veroorzaakt door iemand in het gips, in een rolstoel of kinderwagen, draai u losjes om en mompel 'Sorry hoor'.* Als u in een zeer milde stemming verkeert kunt u eraan toevoegen dat u het gips of de rolstoel niet gezien had.

– Als iemand in de weg loopt, leg uw handen op zijn schouders en duw die persoon ongeduldig opzij. Laat dan zien dat u Frans kent, en zeg: 'Pardon...'

– Als uw aankopen minder dan twintig gulden kosten en er staan meer dan drie mensen achter u in de rij, betaal met cheque of creditcard en ruim minstens vijf minuten in voor het opsporen van uw pasje. Of anders, vertraag met alle middelen de afhandeling zodat de rij achter u aangroeit tot acht.

– Jaag op koopjes en klaag over de prijzen van alles wat wordt aangeboden, zie ook hoofdstuk 8.

* (Noot van de vertaler: als uitspraakvoorbeeld geven de schrijvers hier 'Surrey Whore'.)

IN SUPERMARKTEN

– Neem een paar losse guldens mee als statiegeld voor het winkelwagentje. Heeft u geen guldens, gebruik dan het ringetje van een blikje bier of frisdrank.*

– Als een cloggie u een winkelwagen ter overname aanbiedt, in ruil voor uw gulden, pas op! Ofwel is het terugbetaalmechaniek kapot, of de wielen lopen aan.

– Blokkeer regelmatig met uw kar de doorgang.

– Huur een paar kinderen om stiekem andermans karren vol te laden met dure dingen.

– Bij het afrekenen moet de kassier (m/v) twee mededelingen doen. 'Zegels?' en 'Dag!' Op vrijdag en zaterdag wordt dit laatste vervangen door 'Prettig weekend'. Uw eventuele repliek doet niet ter zake.

– Controleer eierdozen op hoeveelheid en toestand van de inhoud. Meestal is minstens één ei nooit gelegd, dan wel gebroken. Let ook op het Hollandse Dozijn: een half dozijn = zes, een heel dozijn = tien.

– Beknijp en kneed kwetsbare produkten. Klaag bij het vertrek over de armzalige kwaliteit van het aangebodene.

KLEREN KOPEN

– In kledingwinkels, neem oordopjes mee ter voorkoming van onherroepelijke gehoorschade veroorzaakt door de dwangmatige discomuziek aldaar.

– Als u iemand een kledingrek ziet doorzoeken, ga ernaast staan en schuif de hangers uit elkaar, zodat de open ruimte bij de persoon naast u verdwijnt.

– Neem de kinderen mee en laat ze lekker verstoppertje spelen tussen de kledingrekken.

* (Noot van de vertaler: en hier zien we dan de eigenlijke reden voor de invoering van de nieuwe vastlippige blikverpakkingen.)

– Als u iets ontdekt wat u zou willen hebben, toon nauwelijks interesse. Meld de verkoper dat u hetzelfde ding even verderop voor de helft van de prijs zag, om u vervolgens te storten in een gezond partijtje loven en bieden.

– Als er een menigte voor de kraam staat, wring u ertussen, begraaf uw ellebogen in de zij van uw voorgangers en adem luidruchtig in hun oor om ze op het idee te brengen opzij te gaan. Omgekeerd, als u vooraan staat, de uitstalling bestudeert en anderen proberen u ellebogend uit de weg te ruimen, houd dan moedig stand. Blijf staan tot de rest het opgeeft.

– Bij spitsuur op de markt, loop tegen de stroom in en sta af en toe zonder duidelijke reden stil.

Hoofdstuk 13
Autorijden

Zoals met winkelen (hoofdstuk 12) kan ook de eerste kennismaking met het Hollandse Rijden absoluut verlammend zijn. Maar houd moed: u bent geen ondermaatse automobilist. U heeft alleen een paar ongeschreven verkeerswetten over het hoofd gezien.

IN ZIJN VRIJ

1. Blijf zo dicht mogelijk bij de achterbumper van uw voorganger, het land is klein en ook op de wegen heerst ruimtegebrek.

2. Verander continu van rijstrook. Wegen worden aangelegd van belastinggeld. Als u belasting heeft betaald, heeft u het recht om uw weg zoveel mogelijk te gebruiken.

3. Minstens twee auto's per keer moeten door het rode stoplicht heen. Voorkom ten koste van alles dat u vaart mindert of stopt. Een brandend remlicht, in combinatie met een oranje of net rood geworden stoplicht, komt u te staan op een lawine van stereofonische claxonsignalen. Waarschuwing. Hoedt u voor automobilisten op leeftijd. Zij houden stug vast aan het ouderwetse remmen voor oranje en stoppen vol overtuiging voor rood. Deze onverbeterlijke senioren zijn oorzaak van veel botsingen.

4. Als u ziet dat een automobilist door rood rijdt, laat woest uw claxon schallen dat u het wel gezien heeft, terwijl u hem in gebaar uitscheldt om zijn flagrante minachting voor de wet. Kom langszij en tik met uw rechterhand tegen uw voorhoofd. Ook een bijpassende boze frons is heilzaam, net als op en neer veren in uw stoel en het brullen van 'Idioot!', 'Godverdomme!' en 'Klootzak!' Denk niet dat u in het verkeer een veel groter gevaar bent dan die ander: u trekt alleen maar snel op, wijkt uit naar de snelle linkerbaan, komt langszij en remt, volkomen opgaand in uw gebarentaal.

5. Wanneer u als voorste in de rij stopt voor rood, verwacht niet dat u de verkeerslichten kunt zien. Dankzij een briljant staaltje Hollands ingenieurswerk staat uw auto recht onder de lampen. Wacht ontspannen op het getoeter van de auto achter u. Want geclaxonneerd wordt er zeker wanneer u niet onmiddellijk reageert op het groene licht. Of anders: wacht buiten uw auto tot het licht verspringt. Dit wordt in het gunstigste geval door de inheemsen gezien als een daad van Protest en wordt in het slechtste geval opgevat als een uiting van uw individualiteit. Met beide oogst u veel respect.

HET RECHT VAN DE STRAAT

De democratie op de Hollandse wegen wordt onderstreept door de inconsequente voorrangsborden, want zoals een oudcalvinistische spreuk zegt: 'Is niet het smalle pad te verkiezen boven de brede weg?'

Er lijkt geen algemene voorrangsregel te zijn, zoals 'Rechts heeft voorrang' of 'De hoofdweg heeft voorrang'. Neem bij voorbeeld rotondes. Op sommige plaatsen heeft de auto van rechts voorrang. Op andere plaatsen heeft de auto op de rotonde voorrang. Weer elders worden verkeerslichten gebruikt.*

Voor snelheidslimieten bestaat geen enkel ontzag. Veel toegepaste technieken om het verkeer in woonwijken af te remmen zijn éénrichtingstraten en verkeersdrempels.

RIJBEWIJS HALEN

Er zijn twee manieren om een Nederlands rijbewijs te krijgen: les nemen bij een erkende rijschool, of een geldig buitenlands rijbewijs inruilen voor een Nederlands.

* (Noot van de vertaler: na jaren strijd binnen Verkeer en Waterstaat schijnt – ooit – de algemene regel te worden ingevoerd dat verkeer op de rotonde voorrang heeft. In Engeland beseft men overigens al langer dat je de rij wachtenden beter op de aanvoerwegen kunt zetten, dan op de benauwde rotonde.)

Niet alle buitenlandse rijbewijzen zijn inwisselbaar. Tot ongeveer 1970 was dat wel zo. Veel Hollanders gingen naar bijvoorbeeld Egypte om hun rijbewijs te halen. De totale kosten van de reis (rijbewijs inbegrepen) waren lager dan wat een Nederlandse rijschool zou rekenen. Met andere woorden, de cloggies verdienden met het behalen van hun rijbewijs een gratis reisje naar Egypte. Tegenwoordig kan een geldig, vreemd rijbewijs alleen worden ingewisseld als de bezitter aantoont minstens een half jaar in het betreffende land gewoond of gewerkt te hebben.

De rijschool is streng en duur (*tweeduizend* gulden om u klaar te stomen voor het examen). Er wordt interessante, prijzige apparatuur gebruikt: sommige leslokalen bieden iedere leerling een stuur plus versnellingspook, voor rijsimulatie. Houd moed als u een aantal malen zakt: een aanvullende cursus kost u maar ongeveer de helft extra. Vreemd genoeg heeft het straffe tarief van de rijscholen nooit Protesten ontketend (zie hoofdstuk 11).

Hoofdstuk 14
Over de Hollandse Waarden

'Lang leve de Hollanders, langdurig gekwelde gezichtslozen, eindeloos strijdend tegen uitbuiting en onderdrukking. Geef ze een warm applaus, die minzame en gedienstige slachtoffers van ontelbare oorlogen die hun land even plat hebben gemaakt als hun gedrag... Stuk voor stuk donderpredikanten, maar niet één heeft er echt lef... Lang leve de Hollanders, non-volk op het slagveld der volkeren!'

Tony Hendra, *National Lampoon*, 1976

LAND TEGEN RACISME

De Hollanders beroemen zich erop een antiracistisch volk te zijn. In de jaren zestig waren ze apetrots op het ontbreken van vooroordelen en rassenproblematiek in Holland. Maar daar was een reden voor: vertegenwoordigers van niet-Kaukasische rassen kwamen in het straatbeeld nauwelijks voor. Redenen voor de Hollanders om alle donkerder getinte medepersonen op een voetstuk te plaatsen.

Dat veranderde toen de Hollandse kolonie Suriname in 1975 onafhankelijk werd. Hordes Surinamers stroomden toe. Criminaliteit, drugsgebruik en het aantal uitkeringstrekkers schoten de hoogte in. Er kwamen snel strengere toelatingseisen voor donkerhuidigen, want 'We zijn solidair met jullie, we zien het probleem, maar hier hebben we jullie niet nodig'. Of om te spreken met Ds. H.G. Boswijk, een Amsterdams predikant: 'Wanneer Surinamers bij ons in de kerk komen, houden de mensen vriendelijk afstand. Ze zeggen: Jullie zijn welkom, maar laat ons met rust. Het is een soort impliciete apartheid.'

Maar evengoed, zodra ze een verblijfsvergunning hebben worden Surinamers en andere donkere immigranten

– zoals Turken en Marokkanen – door de Hollanders gretig in het hart gesloten: nu zijn het hún etnische minderheden geworden en staan ze met Hollanders op gelijke voet, want het recht op een uitkering maakt iedereen gelijk. De hele wereld moet weten dat Holland in de strijd tegen het fasc- en racisme voorop loopt. Dat spreekt ook uit het nieuwe personeelsbeleid van de politie. Het doel is om in 1990 voor vijfentwintig procent uit vrouwen en voor tien procent uit andere minderheden te bestaan. Als lokkertje wordt succesvolle sollicitanten al na zes maanden de Hollandse nationaliteit aangeboden, in plaats van na de normale tien jaar.

Om hun diep antiracistische overtuiging op nog meer akkers uit te zaaien, vertalen allerlei overheids- en andere instellingen folders in het Turks en Marokkaans, terwijl folders in de talen van Hollands' Europese buren er niet zijn. Er kan weer wel in het Berbers enzovoort opgebeld worden: één van Hollands vele onmisbare bijdragen aan de Europese eenwording.

'ZO ZIJN ONZE MANIEREN, ZO ZIJN . . .'

Over de Hollandse goede manieren kunnen we kort zijn. Zelf geloven de cloggies dat hun manieren verfijnd zijn, maar een oplettende vreemdeling merkt daar bar weinig van. 'Goede manieren hebben' betekent waarschijnlijk vooral 'Je vinger op tijd in de dijk steken als er een gat in zit'.

In het buitenland gaan cloggies er van uit dat niemand Nederlands verstaat. In hun eigen taal voorzien ze alles en iedereen van beledigend en sarcastisch commentaar. Soms blijken ze met verbaal misbaar een landgenoot te treffen. Geen reden voor schaamte of schuldgevoel, want:

– beide partijen beseffen zich hieraan schuldig te maken;

– bij gebleken gelijke nationaliteit zijn beide partijen het erover eens dat spot en hoon terecht tegen de vreemde doelen worden ingezet.

Thuis of in den vreemde begroeten Hollanders elkaar met een korte handdruk als het een eerste ontmoeting is, of een dubbele kus op de wangen voor bekenden. Welke vorm ook wordt toegepast, vaak komt bij begroetingen een angstgevoel opzetten, vanwege associaties met alweer een andere nationale fobie: de angst voor zweethanden.

KAMPEREN

Kamperen is een populaire vorm van recreatie en is makkelijk in Holland: erkende kampeerterreinen zijn comfortabele oases, met hete douches, winkels, enzovoort. De staanplaatsen zijn gemarkeerd, alles volgens een strak schema. Wild kamperen is bij gebrek aan weids heuvelland onmogelijk.

Bijna ieder huishouden bezit wel iets tentachtigs, hetzij een tweepersoons rugzaktentje, hetzij een bungalowtent met ramen en slaapkamers, hetzij een caravan of een kampeerauto. Dat alles wordt niet alleen voor overnachtingen ingezet. Om een duistere reden maken cloggies er een gewoonte van hun tenten op zonnige dagen voor een paar uur neer te planten in een zogenaamd recreatie-gebied. De reis, het opzetten, de inrichting van tent en omgeving met bloempotten, snijbloemen, wrakke klapstoeltjes en koffieservies, dat alles kan wel drie uur in beslag nemen en dat voor krap vijfenveertig minuten rust in de vrije natuur. Maar Hollanders doen dat. En allemaal tegelijk.

Kampeerterreinen thuis en in den vreemde zijn voor kleine cloggies de aangewezen plaats om op gewelddadige wijze hun vrijheid aan anderen op te dringen. Meteen na zonsopgang zetten de kleintjes typisch Hollandse volksliedjes in, zoals 'I can't get no satisfaction', enzovoort. Hun ouders durven daar niet tussen te komen, uit nationale trots en om geen vrijheid te belemmeren. Wanneer het zingen de ouders de keel uithangt, vragen zij hun kinderen op milde toon stil te zijn. De kinderen gaan gewoon door. Kleine cloggies die niet van zingen houden uiten hun vrije expressie via een stuitend hard stemgeluid.

Wat oudere kinderen, zo tot een jaar of dertig, hebben ook recht op vrijheid en uiten zich met een voetbal dwars over het kampeerterrein. Andere fijne plaatsen waar de kid's graag ballen zijn restaurants, café's, volle parkeerplaatsen, golflinks en de metro.

Ook favoriet als tijdverdrijf is vloeken en het laten van diverse types winden. Het belachelijk maken van derden is verplicht en behoort door giechelen en kakelen begeleid te worden.

GEBARENTAAL

Wilt u volwaardig medelid van de Hollandse maatschappij worden, dan raden wij u aan om het volgende te gaan oefenen, liefst in afzondering:

– Houd uw hand evenwijdig aan uw oor, op ongeveer vijf centimeter afstand, en beweeg die met matige snelheid voor- en achteruit. De betekenis is 'Lekker!'

– Beide duimen omhoog, maak pompende zijwaartse bewegingen van de ellebogen, en reciteer daarbij vol overtuiging 'Omsterdom!!' Betekenis: 'Ik voel me hier thuis.'

– Spreid de vingers, draai de binnenkant van de hand naar boven, en strek de onderarmen zijwaarts uit, maak een geluid als dat van een zieke koe: 'Jaaaaaahhhh!' Betekenis: 'Ik geloof er niks van.' Zie hoofdstuk 13 voor speciale gebarentaal in het verkeer.

OVER TROUWEN

Het gangbare moderne standpunt ten aanzien van ongetrouwde, samenwonende stellen is dat zij dezelfde rechten zouden moeten hebben als getrouwde stellen. Als de vader van de vriend overlijdt, meent de vriendin dat ze in aanmerking komt voor twee dagen betaald rouwverlof, net zoals dat voor echtparen geldt.

LAT-relaties zijn gemeengoed, omdat dan de partners het grootste deel van de tijd hun eigen leven kunnen leiden, maar ook van een tot niets verplichtend samenzijn kunnen genieten. Ook biedt dat voordelen wat betreft belasting en uitkering.

Voor stellen die het huwelijk verkiezen is er de verplichte ceremonie ten stadhuize, die nauwkeurig de grenzen van de wederzijdse verplichtingen vaststelt. Trouwen in de kerk is een extraatje naar keus.

Eerlijk zullen we alles delen:

De vrouwenbeweging heeft de geaccepteerde huwelijksvormen danig ondermijnd. Hollandse vrouwen, met hun overspannen rechtvaardigheidsgevoel, hebben dat wat zij zien als een 'eerlijker taakverdeling' bereikt door de rollen gedeeltelijk of volkomen om te draaien. De autoriteiten betuigen hun instemming door de meestverdienende partner (m/v maakt niet uit) een flink belastingvoordeel te gunnen, en breken met het traditionele beeld van de man als kostwinner.

DE KOFFIECULTUS

Cloggies lopen op koffie. Ze overleven met stukgekookte piepers en kool, maar koffie geeft het leven zin. Verse Hollandse koffie: geoogst in Afrika en Zuid-Amerika, maar gebrand en verpakt in Holland. Speciale automaten zetten het en lozen op vaste tijden de niet-verkochte vloeistof. Het leger neemt thermoskannen mee bij manoeuvres in Duitsland. Zakenmensen en vrachtwagenchauffeurs gieten zich ermee vol alvorens de grens te overschrijden en klagen bitter over de buitenlandse koffie, die ze tijdens hun reis zo min mogelijk innemen. Veel winkels, supermarkten incluis, lokken klanten met gratis koffie.* Op stations en in de intercitytreinen patrouilleren verkopers met koffiewagentjes op het perron en in de wagons.

Het koffiedrinken zelf is een kunst op zich:

1. Controleer of alle benodigde hulpmiddelen aanwezig zijn: een kop gloeiend hete koffie, een dwergachtig lepeltje of roerstaafje, koffiemelk of melkpoeder, suiker.

2. Houd de kop vast met één hand. Is er een schotel, pak dan niet de kop, maar pak de schotel vast alsof het een frisbee is waar u mee gaat gooien.

3. Voeg voor de kleur melk toe (naar wens).

4. Voeg voor de smaak suiker toe (naar wens).

* (Noot van de vertaler: bij navraag bleek dat die praktijk op het platteland duidelijk wijder verbreid is dan in de grote steden.)

5. Blijf roeren tot de koffie voldoende is afgekoeld. Als u suikerklontjes gebruikt, pook in het klontje tot het is opgelost en benut de rest van de afkoelingsperiode voor krachtig roeren. Is melk of kristalsuiker toegevoegd, roer afwisselend met de klok mee en ertegenin. Drinkt u de koffie zwart, roer zoals u wilt. Hoofdzaak is om tijdens het roeren als gehypnotiseerd naar het kopje te staren.

6. Verwijder het roergerei uit de kop. Tik met het natte einde twee tot vier keer op de rand van het kopje. Dit maakt de omstanders duidelijk dat u de roerfase heeft afgerond en het stadium van drinken intreedt.

7. Plaats het roergerei opnieuw in het kopje.

8. Pak het kopje tussen duim en wijsvinger. Als er een oor is, plaats daarin middel- en ringvinger. Strek nu de vrije wijsvinger over de kop heen en klem zo het roergerei vast tegen de verste rand. Dat is belangrijk, want het voorkomt dat het roergerei bij stap 9 uw neus zou binnendringen.

9. Hef het kopje naar de mond en slurp luid tijdens het drinken. Verkondig na de eerste zuigende slok: 'Lekkere koffie, hoor!'

DIE VAN HET HOUTJE

Het respect van Hollanders voor religie is een bewezen feit. Vanouds is het land opgesplitst in katholieken en protestanten. Over hun getalsverhoudingen spreken de naslagwerken elkaar tegen: daarover zijn blijkbaar zelfs de Hollanders het niet eens. Hoe het ook zij, als het gaat om de oude gewoonte van het Pausje Pesten zijn de verhoudingen honderd vóór en een tegen. De oorzaken daarvan schijnen te liggen in de archaïsche standpunten van het Vaticaan wat betreft geboortenregeling, abortus, echtscheiding, celibaat, toelating van homoseksuelen en vanzelfsprekend ook de toelating van vrouwen in het priesterambt. In het kort: Vozen en Vrouwen.

Met voorbijgaan aan eeuwen pauselijke politiek krijgt paus Johannes Paulus II van alles de schuld. Het hoogtepunt werd bereikt in mei 1985, toen Volksvijand nummer 1 in het kader van zijn Kus-De-Grond Wereldtournee Holland aandeed. Een warm welkom viel hem ten deel, in de vorm van rellen, betogingen, populaire protestliederen ('Popie Jopie' was een nummer-éénhit), bijtende schoolcabarets, satire op t.v., enzovoort. Het legioen slagzinnenmakers kwam op de proppen met juweeltjes als 'Pope Go Rome!', 'Paus Raus!', 'Paus Rot Op!' en parodieerde de film *Ghostbusters* met popebusters-stickers. De zondag daarna waren de Hollanders weer bij de mis en prezen de Heer. Bij de biechtstoelen stonden geen opvallende rijen. Er was schaamte noch schuldgevoel. Niemand, van hoog tot laag, sprak schande van de rellen. Premier Lubbers verklaarde: 'De paus kwam hier als iemand die boven de rest staat. Dat past niet in het Hollandse Denken.'

DE FEESTDAGEN

Koninginnedag. Wordt gevierd op 30 april, de geboortedag van de koningin-moeder, omdat er dan kans is op droog weer. De verjaardag van de regerend monarch valt in januari, wanneer het weer gegarandeerd droefgeestig is. Veel steden veranderen op koninginnedag in een gigantische rommelmarkt. De Hollanders bewaren al hun ouwe troep en proberen die op die dag wanhopig te slijten. Er staan, verspreid door het centrum, ontelbare kraampjes die allerhande drank en eten verkopen. De mensenmassa's zijn even onverdraaglijk als de volgestampte café's. Er zijn bloemencorso's, jazz- en rock 'n roll-bands, goochelaars, vioolspelende kleuters en andere vormen van vermaak.

Tweemaal Kerstmis. Op 21 november komt de Hollandse Santa Claus uit Spanje in Nederland aan, per schip. Na de douaneformaliteiten (niet-betaalde boetes, te veel ingevoerd speelgoed) wordt Santa Klaas (Sinter Claus) niet zelden door de koningin verwelkomd, waarna hij een shotje gaat halen. Sint heeft een witte baard, rode mantel, een grote, roodgouden mijter en draagt een gouden staf. Hij wordt in Holland vergezeld door zijn zwarte dienaar Piet, mits Sint heeft kunnen aantonen dat Piet niet zijn slaaf is, en Piet kan bewijzen dat hij slechts tijdelijk in Holland verblijft en bovendien vast werk heeft.

Het feest van hun voorbarige kerstman Santa Claus vieren de Hollanders op 5 december en, opnieuw, met de kerstdagen. Er zijn twee kerstfeesten, om de materiële zaken (cadeaus) van de spirituele te scheiden. De cadeautjes worden op 5 december verstrekt. 's Nachts zetten de kinderen hun schoenen bij de kachel. Sint stopt daar verrassingen in, wat gedeeltelijk verklaart waarom Hollanders zulke grote voeten hebben.

Oud en nieuw. Aangezien dat het enige tijdstip is waarop vuurwerk mag worden afgestoken, duurt het Hollandse oud en nieuw blijkbaar van 15 december tot 15 februari. Of herdenken ze in die periode de Blitzkrieg? De eerste indruk van een Hollandse jaarwisseling zal zijn dat het land klaarblijkelijk een oorlog is begonnen. Na tien uur 's avonds wordt wandelen door de stad gevaarlijk, aangezien cloggies het enig vinden om rotjes naar voorbijgangers te gooien. Dat volksvermaak gaat tot in de vroege uurtjes door. Bars en restaurants sluiten om acht uur 's avonds of rond middernacht. Na acht uur is er geen openbaar vervoer meer.

Bevrijdingsdag. Traditioneel viert men op die dag de bevrijding van de Teutoonse Onderdrukkers in 1945. Vanwege de de pan uit rijzende kosten is de viering nu beperkt tot eens in de vijf jaar. En waarom ook niet: de soldaten zijn toeristen geworden, Duitse marken zijn geliefder dan ooit en Wagner viert triomfen.

Nationale Molendag. De Nationale Molendag wordt niet nationaal gevierd. In gebieden waar hij gevierd wordt, is dat meestal in mei. En meestal zijn daar inderdaad molens.

Hoofdstuk 15
Fietsen, flikkers, vlaggen en dijken

Dit hoofdstuk behandelt een aantal traditionele en meer recente zaken waarmee de Hollanders zich in de wereld enig aanzien hebben verworven. Dat lijstje is logischerwijs kort en wordt aangevoerd door de twee toeristentrekkers molens en tulpen, in dit boek al eerder behandeld. We gaan nu in op fietsen (uit respect voor de hardnekkig aan die vehikels verslaafde cloggies), dijken (want zonder deze zou dit boek een verzameling blanco pagina's zijn), het Koninklijk Huis en vaderlandsliefde (... van die oude tradities die de Hollanders zowel haten als koesteren, wat zich uit in vlagvertoon zelfs bij de onbenulligste gelegenheden) en homo's (die zich in Holland de geuzennaam 'flikkers' hebben aangemeten).

FIETSEN

Alleen al in Amsterdam zijn het er meer dan 575.000. Of die allemaal in rijdende staat verkeren, of dat hierbij ook de verwrongen en vervallen karkassen gerekend worden die overal in de stad aan bruggen en lantaarns geketend staan, dat is niet duidelijk. Wel duidelijk is dat de Hollanders er zo verzot op zijn dat liefst vijfentachtig procent van de populatie een fiets kóópt!*

Je hebt ze in soorten en maten, jong en oud. Maar ze worden allemaal vertroeteld. Er is een bloeiende zwarte markt in fietsen; reparateurs en reserveonderdelen zijn even makkelijk te vinden als hondepoep op straat.

Fietsers zijn heer en meester (m/v) in het verkeer (zelfs ex-koningin Juliana placht wel eens op de fiets naar de

* (Noot van de vertaler: de schrijvers verklaren de naam 'fiets' als verwijzing naar *feet(s)* = dat wat fietsen voortbeweegt.)

botermarkt te gaan) en hun volslagen minachting voor andere weggebruikers uit zich in het met vier naast elkaar van stoep naar stoep laveren.

Openbare gebouwen, parkeerplaatsen en het rijdend materieel van het openbaar vervoer, stuk voor stuk worden ze ontworpen met het Tweewielige Wonder in gedachten. De meeste hoofdwegen (snelwegen uitgezonderd) hebben een aparte fietsstrook. Waar dat kan wordt die strook tot een zelfstandige fietspad, met eigen bewegwijzering en stoplichten.

De Machientjes Met Menskracht spelen alle mogelijke rollen: als privé-limousine, bestelwagen, vrachtauto en taxi. Vooral dankzij een extra accessoire van kromme buizen: de bagagedrager. Die draagt kratten, kinderen, katten en honden zonder onderscheid. Speciale kinderstoeltjes kunnen zowel vóór- als achterop worden aangebracht, dit voor grotere gezinnen. Bij afwezigheid van huishoudelijke lading is achterop plek voor één of meer passagiers, traditioneel zijn dat de geliefde (m/v), de echtgenoot (m/v), of combinaties daarvan. Zwaardere lasten (piano's, kasten) vereisen het lenen of huren van een bakfiets, een stevige fiets die aan de voorkant is voorzien van een grote bak of kist.

DIJKEN

Hollanders leggen al achthonderd jaar dijken, dammen, diverse -ducten en sloten aan. En het is nog altijd niet genoeg. Al eeuwen zijn ze noest met water in de weer, en nog steeds hebben ze het in overvloed. Ze hebben geprobeerd het weg te blazen met molens, weg te pompen met molens, ze hebben er meel en papier van gemaakt met molens, en schiepen en passant een toeristische trekpleister. Het resultaat van hun werk heet 'Het Hollandse landschap', een vlakte beneden zeeniveau, van – vrijwel – drooggevallen zeebodem.

Een doorsnee cloggie (m) is zo'n 1.88 lang, beduidend langer dus dan wereldwijd gebruikelijk. In geval van een natuurramp worden ze tot menselijke periscopen en zien hun land zoals het was vóór de mens het bedierf.

1. *Sjaal, handgebreid of type* PLO
2. *Buttoncollectie, met plaatselijke motieven (dierenliefde, wereldvrede, tegen kernenergie)*
3. *Bosje Hollands Glorie*
4. *Licht, werkt op dynamo, hoort gedeukt te zijn, mag het niet doen*
5. *Anti-diefstalobject. Mag ook om de nek gehangen worden, of rond de zadelpen*
6. *Fietspomp (nooit onbeheerd achterlaten)*
7. *Plastic draagtas (van supermarkt of boekwinkel), kan ook aan stuur hangen*
8. *Karakteristieke lading*
9. *Bagagedrager (max. bel. 112 kg)*
10. *Noodremmen, maat 43, dubbel uitgevoerd*

Juist omdat woelig water voor de mens te sterk is, werden grote hoeveelheden water door experts het land uitgezet. Een gedeelte van de Noordzee, Zuiderzee geheten, is veranderd in een zoetwatermeer, en grote gedeelten daarvan zijn drooggelegd. Over de afsluitende dijk (de Afsluitdijk) loopt een snelweg. De Zuidelijke Delta, regelmatig ten prooi aan overstromingen is nu definitief getemd met een hydraulisch bewegende dam.

Niets van dit alles kon tot stand komen zonder luid protest, debatten, demonstraties en compromissen. Na rampzalige overstromingen in 1953, die in het hele land een roep om meer veiligheid deden opgaan, besloot het parlement in 1958 tot vergaande maatregelen. Eind jaren zestig weerklonken de eerste protesten tegen dit project. De voltooiing van de laatste en moeilijkste fase stond gepland voor 1978. Maar protesten zorgden voor oponthoud, waarbij het debat zich toespitste op de vraag of de barrière meestal open moest zijn (vanwege het milieu), of meestal dicht (voor de veiligheid van het land): de vissen en vogels versus het volk. Volledige afsluiting, waarvoor de contracten al waren getekend, bleek uit den boze. Het compromis behelsde dat de dam bij goed weer open zou zijn en bij zware storm dicht. Al met al liep de 'stormvloedkering' acht jaar vertraging op en kostte ze dertig procent meer dan begroot. Hare Majesteit verrichtte de officiële opening (het was die dag goed weer) in oktober 1986.

Begerig om van hun talent de vruchten te plukken hebben de Hollanders de export van hun H_2O-technologie zover doorgevoerd, dat ze in den vreemde schilderachtige kusten aanlegden op plekken waar voorheen alleen een zoutvlakte lag. Ook aan het thuisfront blijft het water goede diensten bewijzen. Kanalen en vaarten zijn onmisbaar voor transport en de talrijke binnenschepen veroorzaken unieke, drijvende files. Het is geen enkel probleem als in hartje winter het water voor een paar weken ijs wordt. Iedereen van twee tot honderdtwee bindt de schaatsen onder, om een heel seizoen gratis te gaan reizen – als hobby, voor zaken, om de sport.

VLAGGEN

De nationale vlag is de Franse tricolore, maar dan een halve slag gedraaid, blauw onder en rood boven: niet buitengewoon origineel, maar hij wordt desalniettemin voor ieder patriottisch wissewasje uitgehangen. In de naoorlogse periode maakten de Hollanders zich sterk voor de Europese eenwording: voor het patriottisme een periode van neergang, steeds meer vlaggen bleven in de kast. Maar nu het doel in 1992 bereikt lijkt te worden, kloppen de vaderlandslievende harten weer sneller, uit vrees voor identiteitsverlies. Vlaggenfabrikanten verwachten de komende jaren recordwinsten.

Als een nationale feestdag van doen heeft met het koningshuis, hangt boven de vlag een anderhalve meter lange strook oranje geverfd toiletpapier. Holland is een van de weinige Europese landen met een monarchie als boegbeeld – met alle bijkomende schandaaltjes en stuitende persoonlijke rijkdom van dien. De Hollandse Koninklijke Familie behoort tot de rijkste ter wereld. Een roemruchte rel rond het Oranjehuis betrof prins Bernhard, echtgenoot van de in 1980 gepensioneerde, alom geliefde, vorstin Juliana. Niet tevreden met zijn luxe leven op kosten van de belastingbetaler schiep prins B. zich een eigen inkomen; Amerikaanse wapenfabrikanten verbeterden de kwaliteit en prestaties van hun produkten door de prins-gemaal 'donaties' te doen toekomen. Als gevolg van dit schandaal dreigde koningin Juliana in de beste Hollandse tradities met onmiddellijk aftreden, indien haar echtgenoot aan de vernedering van een proces onderworpen zou worden. Na een 'onderzoek' trok de regering alle beschuldigingen in, mits de prins al zijn officiële functies op zou geven.

In de hoop op een eigen protest-hausse gaven de Huidige Hoogheden hun troonsbestijging kleur door het leggen van een link met het nazi-tijdperk, via Hitlerjugend en Wehrmacht. Liefde overwon, en Claus von Amsberg werd prins-gemaal der Nederlanden. Bij het koninklijke huwelijk in 1966 schreeuwden een slordige duizend cloggies hun protest uit: 'Claus, Raus!' Het kostte zeventien jaar vooraleer de Hollanders deze nieuwste Duitse invaller accepteerden, en dat pas nadat hij geestelijk instortte en moeizaam vocht voor zijn herstel.

Als bewijs voor het latente Hollandse geloof in de goddelijke rechten van een monarch worden alle op straat achtergelaten goederen automatisch eigendom van de Kroon. Mocht dus op een dag uw vuilnis niet door openbare werkers aan de koninklijke collectie worden toegevoegd en staat uw afvalzak of bak nog onaangeroerd op de stoep, dan kan het volgende gebeurd zijn:

– Hunne Hoogheden hebben al ruim voldoende rottende etensresten enzovoort in voorraad om het moeiteloos uit te houden tot de volgende vuilnisophaaldag.

– De Kroon verleent u uit Koninklijke Genade het Officiële Privilege dat u uw afval een week langer moogt behouden.

Toch heeft u nu een probleem. Wat te doen?

Mogelijkheid 1. Laat de rommel voor de deur staan. De stedelijke autoriteiten zullen uw afval niet opmerken tussen de monarchale hondenmest, prinselijke patatresten enzovoort, maar uw buren merken het wel. Zij doen u waarschijnlijk een stekelig briefje toekomen of bellen aan om te klagen over het koninklijke afval dat ú op straat laat slingeren. Kinderen, katten, honden en ratten zullen de zak openscheuren en de inhoud verspreiden over het plaveisel. Waarna de buren opnieuw langskomen. Alleen in de provincie valt uw overtreding de autoriteiten op en zij zullen er werk van maken.

Mogelijkheid 2. Dump uw vuilnis in een wegberm, op een vuilnisbelt of in een straat waar het paleis nog langs moet komen. In steden maalt niemand daarom. Het is echter wel zo eerlijk u te waarschuwen dat in de provincie ambtenaren zich plegen te vervelen. Zij zullen al uw afval doorwroeten, op zoek naar aanwijzingen omtrent de eigenaar. Als er in de zak enig object aanwezig is dat uw naam en adres vermeldt, ontvangt u daarvan een fotokopie, vergezeld van een waarschuwing. Bij een tweede overtreding wordt u aangegeven bij de politie en beboet, waarschijnlijk voor het illegaal opslaan van koninklijk eigendom.

Te volumineus afval mag op één speciale dag per maand aan de stoep worden gezet. Grofvuil-dag, en de vooravond daarvan, bieden een fascinerend inzicht in Holland. De straten zijn bezaaid met objecten als ijskasten, ovens, wasmachines, piano's en meubilair. In kleinere gemeentes gaan de autoriteiten veel gewetensvoller om met de eigendommen van de koningin. Op afspraak kan men zijn grofvuil eens in de twee weken laten ophalen. Denk daaraan bij het aanschaffen van een kerstboom, want meteen diezelfde dag moet de afspraak voor het ophalen, twee weken later, al gemaakt worden.

POTEN EN POTTEN

In de jaren zestig begonnen homoseksuele jongens en mannen zich in het openbaar bloot te geven. Hun ontdekking dat er ook andere homo's in de buurt waren, in combinatie met de aangeboren (Hollandse) opstandigheid en vrijgevochten moraal, leidde tot het vormen van actiegroepen, vervolgens tot demonstraties, overkoepelende homoplatforms, homobars, de 06-homofoons en homobladen. De onvermijdelijke tegenzet van de Vrouwen en Meiden volgde snel, met lesbiennes die streden voor gelijke rechten en meer-dan-gelijke randvoorwaarden. Ten minste één lesbisch stel kreeg via kunstmatige inseminatie een kind, recentelijk werd nog gemeld dat zij een genereuze uitkering genieten.

Ondanks hun gemeenschappelijke *raison d'être* trekken potten en poten gescheiden op. Meestal worden vrouwen wel schoorvoetend geaccepteerd in homobars, maar in pottencafé's zijn mannen praktisch taboe. Wat ze wel gemeenschappelijk hebben is hun drang tot zelfverheerlijking. Een toepasselijk 'Gay-krant' geheten periodiek publiceerde in augustus 1988 een lijst van voorzieningen voor homoseksuelen (m/v) in ongeveer honderd Hollandse steden en dorpen, met alleen al voor Amsterdam honderdtachtig vermeldingen.

De vrijdenkende inheemsen van Amsterdam bouwden 's werelds eerste monument voor homoseksuelen, in de voorspelbare vorm van drie grote, roze driehoeken. Kort daarop begon het werken aan een verplaatsbaar homomonument dat aan de Britse regering werd aangeboden uit protest tegen aldaar voorgestelde anti-homowetgeving. De rest van het Hollandse volk tracht zich extra 'open' op te stellen tegenover homo's, biseksuelen en draagbare monumenten.

Hoofdstuk 16
De Nederlandse Taal

Zoals de meeste landslieden houden de Hollanders vol dat hun taal moeilijk is. Nederlands is in wezen een vorm van Duits die zwaar leunt op Engels en Frans, hoewel de meeste geboren Hollanders dat heftig zullen tegenspreken. Als u Duits kent, heeft u het met Nederlands gemakkelijk. Grammaticaal gezien is het eenvoudiger dan Duits.

In het buitenland kom je zelden Nederlands tegen. In feite bestaat er buiten de landsgrenzen geen enkele behoefte aan. De keerzijde daarvan is dat wie een half jaar in Holland verblijft zonder zich in die prachtige Nederlandse taal te verdiepen, aanmerkingen krijgt van beledigde inheemse vrienden en kennissen. Als u – daarom – besluit om een cursus Nederlands te volgen, en eindelijk ver genoeg bent om iets daarvan in het openbaar te durven gebruiken, zal uw gesprekspartner u gegarandeerd antwoorden in wat hij denkt dat uw moedertaal is. Ze raden daarnaar op grond van uw accent, en vinden het heerlijk om te laten zien dat ze wel één of twee vreemde talen geleerd hebben.

Hollandse Taalwet
Hoe beter u Nederlands leert, des te meer Hollanders zullen weigeren Nederlands met u te spreken en des te vaker zullen ze klagen dat u nooit Nederlands geleerd hebt.

Het overvloedige gebruik van allerlei klinkers (dubbelklanken inbegrepen), samen met de hoge woordcombinatieconstructiesgebruiksfrequentie (zoals in het Duits), zorgen ervoor dat de geschreven taal er moeilijk uitziet. Maar in zijn grammatica en uitspraak is het Nederlands zeer consequent.

KEELPIJN (UITSPRAAK)

Er zijn maar een paar moeizame klanken: de gutturale (weergegeven met de letters 'sch' en 'g'), dubbelklanken als ui, ij, ei en het verschil tussen de enkele en dubbele a (man, maan). Als u nog nooit kennis gemaakt hebt met de taal, maar wel in bent voor een experiment, lees dan bijvoorbeeld eens hardop de ingrediënten van een blik soep voor, met een mond halfvol stroop.

Tijdens de Tweede Wereldoorlog was het woord 'Scheveningen' (Amerikaans: *Shave-a-nigger*, uitgesproken met zware keelontsteking) een militaire lakmoestest voor het bezitten van de Nederlandse nationaliteit.

Het kost buitenstaanders veel tijd om te wennen aan de grafische aanblik en het geluid van de cloggie-namen: het zijn er veel, en ze zijn lang. Hoewel de door u te gebruiken roepnaam meestal één lettergreep telt, en makkelijk bekt (Huub, Jaap, Piet), is de oorspronkelijke eigennaam plechtiger, en wordt gevolgd door één tot vijf tussennamen, plus de familienaam. In geval van getrouwde vrouwen volgt – na een streepje – nog haar eigen familienaam. Voorbeelden:

Peter Johannus Theodorus Gustaaf Arnoldus de Jong
Hubertus Cornelis Johan Maria van Dijk
Wilma H. J. M. D. van Leeuwen-Waterdrinker

In praktijk verschijnen die uitgebreide naamcombinaties alleen op officiële documenten, en dan alleen als die er groot genoeg voor zijn.

Je naam gewijzigd krijgen is in Nederland extreem moeilijk: meestal kan dat alleen maar met koninklijke toestemming. Tenzij de naam buitengewoon gênant is.

GRAMMATICA

Er zijn twee taalkundige geslachten: onzijdig, en gecombineerd mannelijk/vrouwelijk. Die laatste mengvorm dateert al van vóór de vrouwen- en homobeweging. Voor het Amerikaanse 'you' kent het Nederlands drie equivalenten. 'U', beleefd en afstandelijk, in zakelijk verkeer en tegenover ouderen. 'U' getuigt van respect, wordt dan ook steeds minder gebruikt en zal, als het taalgebruik in de pas blijft met het nationale afkalven van de beschaving, spoedig verdwijnen. 'Jij' en 'je' (inwisselbaar) zijn de familiaire aanspreekvorm. 'Jullie', niet te verwarren met een maand of een meisje, is het meervoud van jij/je.

Het karakter van een volk verraadt zich in de taal. Een voorbeeld is het dwangmatig gebruik van verkleinwoorden in de omgangstaal. Zoals een Hollandse huisdokter dat uitlegt: 'Alles moet het stempel van de kleinschalige tevredenheid dragen, iets dat ikzelf zie als een van onze meest opvallende eigenschappen.'

Het aanhangsel -je is de meest gebruikelijke manier om te verkleinen. Hollanders drinken een kopje thee, gaan een straatje om, en maken zo nu en dan een wereldreisje.

AAN ÉÉN WOORD GENOEG

'Hallo!'

Laat u door iets wat op vriendelijkheid lijkt niet voor de gek houden: wees, nieuw in Holland, op uw hoede. Als iemand 'Hallo' zegt is dat waarschijnlijk geen vriendelijke groet, maar een bewuste blijk van minachting die u moet wijzen op een begane domheid. Ge-hallood wordt er om anderen in verlegenheid te brengen, bij voorkeur niet-Nederlanders.

'Sorry...'

Een betekenis- en zinloos woord, vaak aangevuld tot 'Sorry hoor' (Amerikaans: *Surrey Whore*).

'SVP'

Naar het Franse *s'il vous plaît* (Amerikaans: *silver plate*), meestal gebruikt in afgekorte vorm. De Hollandse pendant is AUB (afkorting van Als 't U Belieft). Bedoeld wordt niet zozeer een verzoek, maar een bevel (de Duitse invloed, via het Frans, op het Nederlands).

SPELLINGSHERVORMING

Een fors gedeelte van het volk prefereert de moderne 'progressieve' spelling die nog niet officieel erkend is: dus 'buro' voor 'bureau', 'odeklonje' voor 'Eau de Cologne'.

Dat laatste is ook een illustratie van de strijd tussen de Correcten, die de 'c' een 'c' willen laten, en de Rekkelijken, die het als progressief beschouwen om van iedere harde 'c' een 'k' te maken. De oplossing die woordenboeken voor deze kontinuerende kontroverse bieden is de algemene mededeling: 'Vindt u het gezochte woord niet, zoek dan onder "c", k.q. onder "k".'

Hoofdstuk 17
Weet wat u eet

TRADITIONELE GERECHTEN

Het aanzien dat de Hollandse keuken geniet wordt nog eens onderstreept door de talloze Hollandse restaurants in Londen, Parijs, Berlijn, New York en Sydney.

Culinaire orgasmes zoals stamppot (gestampte aardappels en wortels) hebben blijkbaar toch minder snob-appeal dan Coq au Vin à la Bourguignonne of Scaloppine di Vitello al Marsala. En Edammer Kaas is geen partij voor Caprice des Dieux of Zwitserse Gruyère.

Hollands appelgebak onderscheidt zich van buitenlandse pendanten door de rituele entourage waarin het genuttigd wordt. Bij voorkeur in gezelschap van goede vrienden, in een gezellig café, wordt hapje na hapje het appelgebak (met of zonder slagroom) genoten, met veel koppen verse koffie, en met na iedere mondvol weer een lange pauze voor diepzinnige gesprekken.

Erwtensoep is Hollands traditionele *pièce de résistance*: als sappige soepstart, als overweldigend hoofdgerecht, zie maar. Het bestaat uit een heerlijke warme erwtenbrei, met daarin hompen vlees en groente. Het wordt gegeten met lepel en slabbetje om, en is als bouwpakket te koop in speciaalzaken. Supermarkten hebben erwtensoep ook in blik of als poeder. Als er al een nationaal Hollands gerecht bestaat, is dat erwtensoep.

Hutspot (gestampt vlees, aardappel en wortel) is een hartige schotel, en zo opwindend als een stamppot maar kan zijn. Vooral 's winters erg gewild.

Uitsmijter (ham en/of kaas), twee halfgebakken eieren en ongeroosterde toast) wordt vooral gegeten als zelfs de Hollanders het standaard lunchvoer even niet meer kunnen verdragen.

TWAALFUURTJES

Het vaste hoogtepunt van de lunch is watertandend mogen kiezen tussen open of dichte sandwiches. Cloggiebrood, dat nogal droog en bleek is, op het muffe af, wordt licht besmeerd met ongezouten boter of zoutloze margarine, en belegd met doorzichtige plakjes fabrieksham of zweetkaas. Het gebrek aan zout in de smeermiddelen is waarschijnlijk bedoeld om de zoute hap erbovenop te neutraliseren: Edammer wordt tijdens de fabricage gezouten, zodat het toch nog ergens naar smaakt.

Cloggies eten hun zoute sandwiches steevast met mes en vork, en spoelen ze weg met koffie of vruchtesap, om uitdrogingsverschijnselen voor te zijn.

Het karakteristieke dessert bestaat uit één appel of één sinaasappel, geschild met hetzelfde mes waarmee het hoofdgerecht versneden werd. Kijk eens goed hoe een cloggie zijn sinaasappel pelt: pure poëtische *performance*!

RESTAURANTS

Buitenlandse restaurants, te vinden door stad en land, zijn populaire trefpunten. Italiaans, Grieks, Chinees, Indonesisch: overal zijn ze. Turks, Indiaas en Mexicaans zijn sterk in opmars. Helaas worden de geserveerde gerechten vaak verruïneerd door substituten voor een aantal ter plekke niet-verkrijgbare originele ingrediënten. Zoals ook in de rest van Europa.

Traditionele Hollandse restaurants zijn er ook. Ze bieden een aantal van de eerder genoemde gerechten, en voegen als klantenlokkers andere Europese klassiekers toe, zoals Wienerschnitzel, Jägerschnitzel, kinderporties biefstuk en tartaar (gemalen rauw vlees).

Belangrijker dan het voedsel is de ambiance die het etablissement doordrenkt. Hoe genoeglijker de sfeer, des te populairder het restaurant. Als de entourage naar de zin is, vinden de Hollanders het niet erg om wat dieper in de beurs te tasten. De opgelegde sfeer van veel restaurants wordt stevig doorgezet in het decor, dat een melange is van al die prachtige attributen waarover u al eerder las, zoals bloemen, planten, koffie, appelgebak, netheid, muziek, de warme gastvrijheid van het personeel en het prijsniveau. Verlichting, meubilair en de stijl van het servies (porselein, etc.) tellen ook. Openlijke steun aan de 'goede zaak', variërend van zeehondjes tot bevrijdingsbewegingen, wordt ook gebruikt om volk te trekken: de eetgelegenheid is dan behangen met posters.

Waar u ook eet, wanneer het eten op tafel komt gelden er vaste regels. Voor u begint, wens uw gezelschap een prettige maaltijd toe, naar keus met: 'Eet smakelijk', 'Smakelijk eten' of 'Eet ze'. Ook voor betalen geldt een vast protocol. Dat schrijft voor dat wie wordt uitgenodigd voor een etentje, zelf betaalt (*go dutch*). Wanneer iemand anders voor u betaalt, stel daar zo snel mogelijk hetzelfde tegenover.

SNACKBARS

Lang voor de fast-food cultuur het Westen veroverde, kende Holland al snackbars. Een muur met glazen hokjes duidt op de aanwezigheid van gastronomische traktaties als sufgebakken dan wel halfrauwe kipvleugeltjes, hamburgers, kroketten en non-descripte platte deegwaren. In combinatie met de standaard te zoute 'friet' (badend in mayonaise) is dat precies de snelle hap waarmee een jogger na uren zweten razendsnel weer op krachten komt.

Populairder nog lijken de relatief nieuwe shoarmasnackbars, die te herkennen zijn aan een grote hoge grill, strategisch geplaatst achter de (ex-)winkelruit, waarin verticaal een staaf vol dunne lappen lamsvlees draait. In dat soort zaken assembleert men de hamburger-van-het-oosten, te weten een doorgesneden pita-broodje boordevol gegrilde vleesjes, slappe slablaadjes en een hete saus die elke natuurlijke smaak maskeert.

TIP VOOR FOOI

Veel restaurants in Europa verwerken de fooi automatisch in de rekening. Als de fooi niet inbegrepen is, laat de Hollander standaard een paar muntjes op tafel achter, om zijn dankbaarheid uit te drukken. En terwijl buiten Holland een fooi van tien cent als zware belediging geldt, zien

Hollandse klanten zo'n bedrag als een indrukwekkend symbool van hun waardering. Het restaurantpersoneel denkt daar waarschijnlijk anders over.

Wie zijn dagelijkse kost liever vloeibaar nuttigt, en dan in de vorm van iets sterkers dan melk, vindt in de Hollandse bars volop gezelschap en menselijk contact. Sommige bars zijn vierentwintig uur per dag open, andere alleen overdag, of 's avonds en 's nachts.

Ook als u alleen drinkt, zult u zich niet vervelen. De meeste bars zijn van boven tot onder behangen met een monumentaal rariteitenkabinet. Als de bar een geschiedenis heeft, hangt die aan de muur. Als de eigenaar een geschiedenis heeft, hangt die aan de muur. Als de naam geschikt is voor uitbeelding, gebeurt dat op alle muren. Enzovoort. Ziet u aan een touw een bel hangen, of ziet u aan een bel een touw hangen, niet aan komen, zelfs niet als het publiek u daartoe aanzet. Want het luiden van de klok komt u te staan op een consumptie voor alle aanwezigen – naar hun eigen keus. Pas ook altijd op met te zeggen: 'Laten we een borreltje gaan drinken.' Al snel wordt dan begrepen dat u trakteert.

Hollandse gin (genever, jenever) kan aankomen als een rechtse directe. Hollands bier is zoet, pittig en sterk. Bier bestellen kan zeer verwarrend zijn voor wie dat als buitenlander de eerste keer in het Nederlands doet. Welk woord voor 'bier' je ook gebruikt, de barman zal geheid antwoorden met een andere term. Ook hier speelt weer de obsessie met verkleinwoordjes (zie hoofdstuk 16).

'Mag ik een bier?'
'Een pilsje?'

Let op: het verkleinwoord heeft hier niets te maken met de omvang van het glas.

'Mag ik een pils?'
'Een biertje?'

Het lijkt op pesterij, en dat is het ook vaak. Wilt u wel een klein glas, verklein dan het woord 'klein'.

'Mag ik een kleintje pils?'
'Ah, een kleintje voor meneer!'

Overigens lijkt het alleen maar of u de termen pils en bier door elkaar kunt gebruiken: bestelt u Belgisch bier of een andere variant, gebruik nooit het woord 'pils'. Daarmee laat u kennen dat u er niets van af weet, en u zult met een buitengewoon medelijdende blik worden afgestraft.

Bier wordt in de regel geserveerd in kleine, bloempotachtige glazen. Na het inschenken ontwikkelt zich een aanzienlijke hoeveelheid schuim (de 'kop') die er met een natte spaan wordt afgeveegd. Het eindresultaat is voor buitenlandse bezoekers vaak schokkend. Duitsers vinden het wegvegen van het schuim lachwekkend en vinden de geserveerde hoeveelheid ontoereikend; ook Britten voelen zich te kort gedaan maar laken juist het overvloedige schuim dat resteert. Fransen en Italianen drinken gedwee en verlangen terug naar huis.

Hoofdstuk 18
Sex 'n drugs and rock 'n roll

Rijke Hollanders praten nog liever over hun seksuele leven dan over hun geld; en hun seksuele leven is aanmerkelijk minder boeiend.

J. van Hezewijk, auteur van *Netwerken van de top-elite*, 1987.

'Laten we ons realiseren dat wij een open maatschappij zijn: een lief, klein en schoon landje. Wij kennen niet het dodelijke terrorisme dat andere landen kennen.'

Cees van Lede, voorzitter van het Verbond van Nederlandse Ondernemingen, 1987.

Elke maatschappij, hoe rijk of puriteins ook, heeft haar schaduwzijden. Aan de meer verfijnde kanten van de Hollanders hebben we al zestien hoofdstukken besteed: nu dus de diverse schandvlekken.

De drie grootste steden (Amsterdam, Rotterdam, Den Haag) zijn speeltuinen voor ieder die zich jong voelt, en vormen 's lands brandhaard van zedeloosheid, misdaad en corruptie. Amsterdam is ooit eens uitgeroepen tot de culturele hoofdstad van Europa. Al veel eerder verwierf het zich de eretitels Homohoofdstad en Drugshoofdstad van Europa, en stond die koppositie nooit meer af.

In de provincie treedt het verval van normen en zeden in mildere vorm op. Op sommige plaatsen heeft een streng protestantse moraal het tij zelfs weten te keren, zelfs zo doortastend dat sigarettenautomaten op zaterdagnacht worden leeggehaald, om verkoop op zondag te voorkomen.

SEKS ALS REFLEX

Er wordt wel beweerd dat Hollanders het onderwerp seks benaderen met de warmte en hartstocht van een blok ijs. De overheid stimuleert seksuele activiteiten voor iedereen van veertien jaar en ouder. In 1987 gingen zelfs luide stemmen op om de wettelijk toegestane leeftijd te verlagen van zestien naar twaalf jaar. Veel moeders letten bij hun jonge dochters zorgvuldig op de eerste tekenen van menstruatie. Dat is het moment waarop het onzekere, enigszins aangeslagen meisje naar de dokter moet voor haar eerste anticonceptiepakket. Voor jongens ligt het anders. Veel vaders beginnen hun zoons na de eerste verschijnselen van puberteit te achtervolgen met seksuele aanmoedigingen. Er dient overijverig geëxperimenteerd te worden: de gevolgen lijken er soms niet toe te doen. Dit indrukwekkende vertoon van begrip en tederheid is het zaad waaruit de latere seksuele instelling van de kinderen groeit. Tegen de tijd dat zij volwassen zijn, is het bedrijven van seks een planmatig onderdeel van de dag geworden. Zoals een huisvrouw zei: Ja, seks, dat doe je 's morgens en 's nachts, net zoals tandenpoetsen.'

Bij etentjes of op recepties mag seks openhartig, doch koeltjes ter sprake worden gebracht. 'De kinderen hadden het gisteren erg leuk op het strand. We hebben heerlijk gevrijd vannacht. Ik moet binnenkort naar de tandarts.'

Het onderwerp abortus (een geboorterecht van Vrouwen) wordt met eenzelfde nonchalance behandeld. 'Ben je al ongesteld geworden!' 'Nee, ik heb een abortus gehad. En op weg naar huis had ik een lekke achterband.'

SEKS ALS HANDEL EN NIJVERHEID

De prostitutie in de grote steden bloeide op dankzij de tijdens lange reizen opgespaarde driften van zeelui. De Hollanders, altijd gespitst op een makkelijk verdiende gulden, schiepen snel *Red Light Districts*, en bestemden zelfs complete wijken voor de seksuele nijverheid. Die gebieden bleven tot de dag van vandaag intact. Toen in het Westen de seksuele openheid zich in de jaren zestig aandiende, werden de rosse buurten van sloppenwijken tot toeristische trekpleisters. Prostituées accepteren alle gangbare creditcards, cheques, vreemde valuta – zolang het maar geld is. Ze hebben een sterke beroepseer, komen open en bloot voor hun bezigheden uit, ondergaan regelmatig door de plaatselijke overheid georganiseerde medische controles, onderhouden een gezonde relatie met de plaatselijke belastinginspectie en mogen hun beroepskosten van de belasting aftrekken.

Het grootse verzet tegen openlijke prostitutie komt van het leger van Bevrijde Vrouwen (hoofdstuk 11). Die beschouwen de zelfstandige en ondernemende 'dames van plezier' als een ziekte die de oprechte en eerlijke Hollandse Levenshouding aantast. Met andere woorden, juist diegenen die strijden voor de bevrijding en onafhankelijkheid van de vrouw hebben de grootst mogelijke bezwaren tegen vrouwen die zoiets inderdaad bereikt hebben.

Voor wie meer van solistische en kunstmatige seks houdt is er een imponerend aanbod van pornografie. Sexshops floreren: je kunt geen stadscentrum van enige omvang betreden, zonder in vijftig procent van de straten te stuiten op een weidse etalage vol hulpmiddelen, video's, lingerie en vakbladen voor alle menselijke standaarddeviaties. De concurrentie is zo fel, dat sommige sexshops zich specialiseren in bijvoorbeeld homo-, lesbo-, Duitse schoolmeisjes-, kinder- of hondenerotiek.

DRUGS

Het Verdovende Netwerk en de uitzinnig tolerante houding van Hollanders tegenover drugs, ze zijn even bekend als de tulpen en de molens.

Wat toeristen choqueert is voor Hollanders een deel van het dagelijks leven. Het is in Amsterdam doodnormaal om in woningen en publieke gelegenheden marihuanaplantages aan te treffen. De inheemsen kijken van een openbaar jointje absoluut niet op. Geschilderde marihuanabladeren prijken op de ruiten van hasjcafé's, beter bekend onder hun schuilnaam 'coffeeshops'. Wees niet verbaasd als koffie nu juist het enige is wat daar niet direct verkrijgbaar is. Van sterke drank is in zulke café's geen sprake: hun vergunning staat alleen onschadelijke vruchtesapjes toe.

De jongste generatie cloggies gaat helemaal te gek op softdrugs. De hasjcafé's hebben diverse soorten zaden en kweekplanten in voorraad, kunstmest en potten. De uitbater maakt zijn klanten met groot enthousiasme wegwijs in de kwekerij en werkt in zijn voorlichting netjes alle mogelijkheden af:

1. Het planten: binnenshuis, buiten, of in de kas.
2. De juiste oogstmaand.
3. Het beste gebruik van de natuurlijke lichtinval.
4. Toestand van de grond.

Hard drugs worden niet zo openlijk aan de man gebracht. De handelaren beschikken over een leger van hulpjes uit de diverse minderheidsgroeperingen, die op jacht gaan naar klanten, op de stations, in musea, parken, jongerencentra, kerken, de rosse buurt, enzovoort. In theorie is bezit van hard drugs strafbaar, in praktijk worden gebruikers niet gearresteerd: alleen de (grote) handelaren komen in aanmerking voor gerechtelijke vervolging.

Een paar jaar terug werd een 'nieuwe benadering' uitgeprobeerd; dealers en junkies kregen hun eigen stukje van de stad – de Amsterdamse Zeedijk – en mochten daar doen wat hun goeddunkte. Het idee was om open en aardig te zijn tegen junks en handelaren en hun werkterrein te beperken tot een afgemeten gebied. Het resultaat? In de woorden van burgemeester Ed van Thijn: 'We dachten dat we tolerant konden zijn en toch de hard drugs onder controle houden. Dat was erg naïef.'

MISDAAD EN STRAF

Vonnissen wegens drugssmokkel (en andere misdaden) worden soms nooit ten uitvoer gelegd. De gevangenissen zitten tot de nok toe vol. Daarom zijn, mede vanwege de Hollandse vergevingsgezindheid, de vonnissen vaak uitzonderlijk mild. Straffen worden uitgezeten indien er plaats beschikbaar is. Zo kan het voorkomen dat een zojuist veroordeelde crimineel (of beter, 'een slachtoffer van de maatschappij') op vrije voeten blijft tot er een cel leegkomt. Als een misdadiger de gevangenis in draait, wacht hem of haar een relatief confortabel verblijf. De bedoeling is om de gevangenen een zo normaal mogelijk leven te laten leiden. In Schutterswei, een gevangenis in Alkmaar, verdienen de gedetineerden zo'n vijfenvijftig gulden per week. Velen gebruiken dat geld om hun lichte en luchtige kerkers te voorzien van televisie, hifi, huisdieren en vanzelfsprekend ook een koffiezetapparaat. Er is een speciale ruimte beschikbaar voor het bezoek – de seks-cel: compleet met bed, schilderijen en vaste vloerbedekking. Andere privileges, of in dit geval *rechten*, behelzen het mogen dragen van de eigen kleding, zelf in de keuken het eigen eten mogen klaarmaken, stemrecht, vrijuit mogen spreken met journalisten en een procedure voor het behandelen van klachten.

Deels uit vrije keus, deels uit noodzaak, hebben de Hollanders alternatieve straffen en scholingsprojecten bedacht ter beschaving van de 'slachtoffers van de maatschappij'. Zulke vormen van straf kunnen bijvoorbeeld neerkomen op een tweeëntwintigdaagse trektocht in de bergen van Zuid-Frankrijk, met gratis gebruik van het landschap en de locale keuken.

Inbraak in auto's is dan ook aan de orde van de dag, net als zakkenrollen en dergelijke. Als uw cassetterecorder van vijfhonderd gulden uit uw auto gesloopt wordt, maakt dat nergens indruk. Ook niet op de politie. Verveeld zal die u uitleggen dat uw voormalig eigendom diezelfde avond in een café voor zestig gulden kan worden teruggekocht: u mag blij zijn met zo'n koopje!

ROCK 'N ROLL, ENZOVOORT, ENZOVOORT

Het mag gezegd: als volk zijn de Hollanders zeer gesteld op muziek, hedendaags of anderszins. Steden en stadjes hebben muzikale voorzieningen voor iedere smaak en subcultuur. Zelfs in het kleinste gehucht is minstens één podium voor levende muziek. Muziekliefhebbers? Ja. Muzikale vernieuwers? Nee. Cloggies zijn vooral verzot op imiteren. Klassiek, folklore, moderne jazz, free-jazz: erkende muzikanten en componisten worden getrouw gekopieerd tot op de zestiende noot nauwkeurig. Alleen al in Amsterdam levert een zaterdags ommetje door de winkelstraten ontmoetingen op met een overvloed aan straat- en kroegmuzikanten. Zoals:

– Een Hollandse doedelzakker, voorzien van kilt, tuniek, beremuts en overige Schotse standaardaccessoires.

– Een Hollandse Ierse folkgroep, uitgerust met violen, mandolines, klikklakkende lepels, authentieke trommen en pinten Guinness.

– Een Hollands Mozart-strijkkwartet, in avondkleding dan wel spijkerpak, met op hun muziekstandaards vergeelde, ooit met de hand overgeschreven partijen.

– Tientallen klonen in het genre protesterende bard (Dylan, Donovan), uitgerust met een akoestische gitaar en een verweerde, bestickerde gitaarkoffer waarin passanten hun contributie deponeren.

Maar Holland is óók een land voor al wie zich jong voelt & wat wil. Het geestelijk voedsel voor die categorie heet popmuziek. Pop-podia zijn er in Amsterdam in overvloed: geheel openlijk wordt daar de jeugd vanaf zestien jaar volgestopt met decibellen, alcohol en drugs. De meer beruchte tenten, misleidend 'multimediaal centrum' of 'jongerensociëteit' genoemd, zijn Paradiso en De Melkweg in Amsterdam, rond het al even louche Leidseplein. In Den Haag en Rotterdam vindt u soortgelijke gelegenheden. Minder overvloedig aanwezig, maar zeker niet schaars, zijn de rock-café's: met stampende heavy metal en fans die met drinken, snuiven en pillenslikken de kortste route naar het Nirwana nemen, iedere avond van acht tot twee. Gedronken wordt het locale Amstel- of Heineken-bier, het rokertje is meestal een Camel voor de mannen en de bevrijde vrouwen, een Pall Mall voor de vrouwen en de bevrijde mannen, of een joint. Dit alles wordt geconsumeerd in een luid stortbad van rauwe rock, voortgebracht door geavanceerde Japanse elektronica.

Bijlage I
Over de vele dubbelzinnigheden van het woord 'Dutch' * **

Dutch auction. 'Nederlandse veiling'. Een veiling die achteruit werkt: de prijs wordt net zolang verlaagd tot de eerste koper zich meldt. Heet in Nederland 'Chinese veiling'.

Dutch Bargain. 'Nederlands koopje'. Een transactie die tijdens een drinkgelag tot stand is gekomen.

Beat the Dutch. 'De Nederlanders verslaan'. Iets buitengewoons, iets verbazingwekkends verrichten, tegen de verwachting in.

Dutch Built. 'Op z'n Nederlands gemaakt'. Van oorsprong term voor Hollandse platbodems, nu ook: een lange slungelachtige man of een 'Dutch Buttocked' vrouw (zie aldaar).

Dutch Buttocked. 'Nederlands bebild'. Vroeger gezegd van Hollands rundvee, met dikke achterwerken. Tegenwoordig ook van toepassing op de peervormige romp van Nederlandse vrouwen, veroorzaakt door te veel verse zuivel en te veel fietsen.

Dutch Consolation. 'Nederlandse troost'. De levenshouding die neerkomt op: 'Wat er ook gebeurt, er is altijd wel iemand die er erger aan toe is.'

* (Noot van de auteurs: een aantal definities is ontleend aan *Webster's Third New International Dictionary*, 1986.)
** (Noot van de vertaler: 'Dutch' betekent 'Hollands' of 'Nederlands', verwant van het Nederlandse Diets en het Duitse Deutsch. Maar er is meer mee loos.)

Dutch Courage. 'Nederlandse moed'. Dronkemansmoed.

Do a Dutch. Ontsnappen, deserteren, zelfmoord plegen.

Double Dutch. 'Dubbel Nederlands'. Koeterwaals.

Dutch Feast. 'Nederlands feest'. Als de gastheer eerder dronken is dan zijn gasten.

Dutching. In *de Volkskrant*, juli 1990, geciteerd als betekenend: het met gammastraling weer verkoopbaar maken van bedorven voedsel.

Dutchman. In de bouw, enzovoort. Iets wat wordt aangebracht uitsluitend om een (constructie-)fout te verbergen.

Go Dutch. Als in gezelschap ieder zijn eigen rekening betaalt.

I'm a Dutchman. 'Ik ben een Nederlander'. Uiting van ongeloof: 'Je dacht toch niet dat ik gek was?'

In Dutch. Uit de gratie, in moeilijkheden.

Dutch Lottery. Een loterij met daarin verschillende series loten die kans bieden op verschillende soorten prijzen. De prijs van het lot correspondeert met de waarde van de prijzen.

Dutch Metal. Dun uitgewalste platen metaal die als imitatiebladgoud gebruikt worden. Ook bekend als 'Dutch Gold' (goud), 'Dutch Foil' (folie), Dutch Leaf (blad).

Dutch Oven. 'Nederlandse Oven'. Iemands mond.

To Dutch. Gokken en wedden volgens een verkeerd systeem, zodat verliezen van tevoren al bijna vaststaat.

Dutch Treat. 'Nederlandse tractatie'. Een feest of uitstapje waarbij ieder voor zich moet betalen.

Dutch Uncle. 'Nederlandse oom'. Een felle criticus, zedenpreker.

Bijlage 2
Te vermijden historische misverstanden in het internationaal sociaal verkeer

Ik fok honden	*is niet gelijk aan*	I fuck dogs
Ik heet Cox	...	I hate cocks
Doe mij een reep	...	Do me a rape
Hij lijkt een slimme man	...	He likes a slim man
Een rondvaart	...	A round fart
En dan nou vlaai!	...	And then now, fly!
Tot ziens, hoor!	...	Tootsy's Whore
Het is nog rood!	...	Let's hit the road
Hij kwam in een slip	...	He came in an underpants
Nassi Goreng en Mie	...	Nazi Goering and me
A pain under the toenail	...	Een peen onder het toneel
Give me a hand, quick!	...	Geef me een hand kwik